子どもたちは人が好き

幼児期の対人行動

川上清文 著

東京大学出版会

Children Like People:
Observation of Toddlers' Interpersonal Behavior
Kiyobumi KAWAKAMI
University of Tokyo Press, 2018
ISBN 978-4-13-013312-8

はじめに

私は四〇年以上、発達心理学の研究を続けています。だいたい一〇年おきに研究テーマが変わってきて、最初は乳児の対人関係（『乳児期の対人関係』[1] 一九八九年に刊行）を、次は乳児のストレス（『乳児のストレス緩和仮説』[2] 二〇〇三年）を、さらに胎児・乳児の微笑（『ヒトはなぜほほえむのか』[3] 二〇一二年）を研究してきました。そして、現在は一歳前後から三歳になるくらいまでの幼児の対人関係の研究をしています（英語にはトドラーというよちよち歩きの子どもたちを表すことばがあります。乳児でも幼児でもない、トドラーが最も適切なのですが、ここでは幼児としておきます）。

聖心女子大学で「発達心理学」「発達科学入門」などの授業を担当していますが、私の研究については、卒業生や多くの方々に様々な面からの援助をしていただき、ありがたく思っています。研究テーマが一段落すると本にまとめてきたのは、その方々への報告ということでもあります。

この本では、私の現在の研究（幼児の対人関係）についてご紹介しますが、そもそも私が発達心理学を研究することになった理由は、「愛」について知りたいと考えたからです。若い方には意外でしょうが、私が学生の頃、「発達心理学」という学問分野はまだありませんでした。ですから前の文は正確ではなく、「愛」の研究を続けていたら「発達心理学」になったと言うべきかもしれません。「愛」と「発達心理学」とのつながりに関しては、本文でふれていきます。

さて、私は二〇一一年から、ほぼ毎週一回、保育園に通っています。子どもたちが、人に対してどのような行動をとるか、直接よりそって見るためです。最初は、子どもたちや保育者に私という存在に慣れてもらうことから始めます。これは年度が替わるたびに続けていることでもあります。そして、研究したことを三本の論文[4][5][6]にまとめました。それらは英語で書いたのですが、格好をつけるためではなく、世界中の人に読んでもらうためです（例えば、一本[5]は乳幼児の百科事典[7]に引用されました）。しかし、二本[5][6]はサイエンス・ダイレクトというデータベースに入り、お金を払わないと全部読むことができません。それでは私が一番読んでほしい、保育者や保護者の皆さんに手にとってもらうのはむずかしいので、できるだけ読みやすい形にして、私が知った子どもたちの世界、彼らがいかに人に興味を持ち、積極的に働きかけるかをご紹介したいと考えました。子どもたちは、なぜこれまで人々が注目してこなかったのだろうと思うような、興味深い姿をたくさん見せてくれます。それらを第II部にまとめたいと思います。

私が保育園の子どもたちの観察をするようになったのには、いくつもの理由があります。特に重要なのは、三人の先達との出会いです。私は彼らから、子どもたちを見るポイント・姿勢・考え方を学びました。それはまだ十分に自分の気持ちをことばで表現できない小さな子どもたちを理解するための、保育・子育てにかかわる基礎とも言えるでしょう。日本子育て学会の機関誌『子育て研究』に、それぞれについてまとめました。(8)(9)(10) その三論文は、査読者の指摘で言いたいことを削った上、堅苦しい文が多いと思いますので、これも読みやすくして、第I部としてご紹介したいと思います。もし理屈っぽいのは嫌だ、子どもたちのことをまず知りたいという方には、第II部から読んでいただいて、それらの研究の背景として第I部に戻っていただく、ということでももちろんかまいません。

さあ、小さな子どもたちの世界へ、ようこそ。

目次

目次

第Ⅰ部　小さな子どもたちを理解するために

虹（ワーズワース／村井実（訳））

大空にかかる虹を仰ぐとき
私の心は　踊る
生きるはじめの頃もそうだったが
大人になったいまも　そう
老いてもなお　そうありたいもの
それがだめなら　いっそ死にたい

子どもが大人の親なのだ
これから先の私の日々も
自然を仰ぐ心で結ばれ合って　過ぎんことを！

The Rainbow（William Wordsworth）

My heart leaps up when I behold
　A rainbow in the sky:
So was it when my life began,
So is it now I am a man,
So be it when I shall grow old
　Or let me die!

The Child is father of the Man:
And I could wish my days to be
Bound each to each by natural piety.

（平井正穂（編）『イギリス名詩選』岩波書店、一九九〇年）

第1章 注目すべき二つの時期
――マイケル・ルイスの自己発達理論から

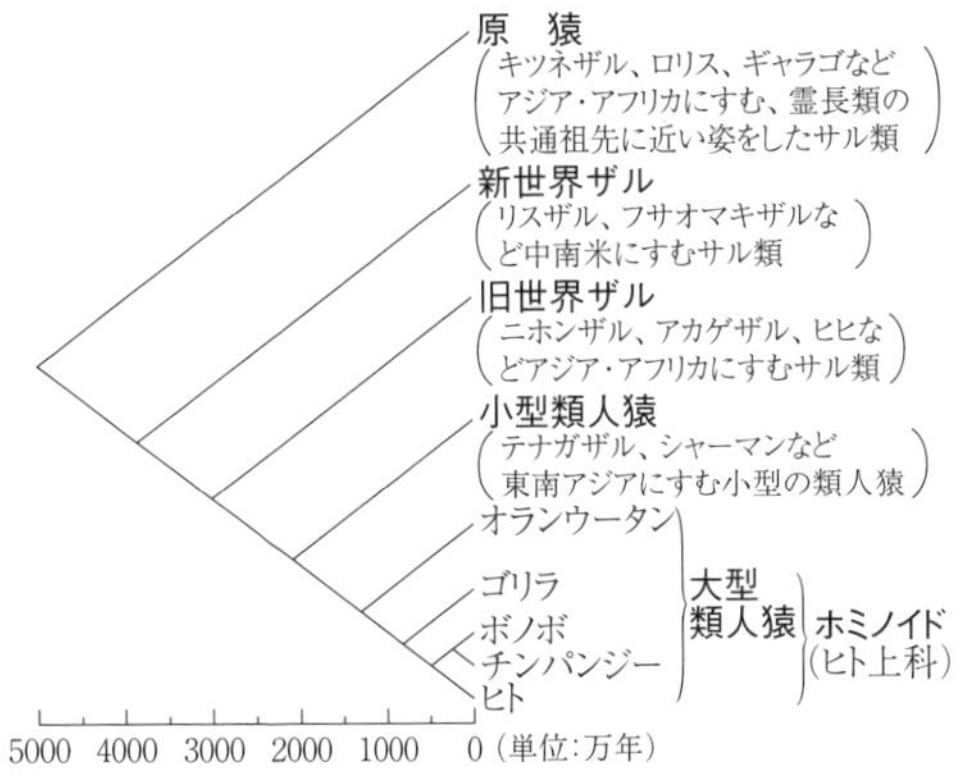

図 1-1　霊長類の系統発生図(1)(2)

他者とかかわり合うためには、自己と他者の区別ができなければなりません。では、子どもたちは、いつ頃から「自分」という存在に気づき始めるのでしょうか。さらに、「他者」の存在を意識し始めるのはいつ頃なのでしょうか。この章ではマイケル・ルイスの考える乳幼児の自己の発達の三水準を紹介します。一歳半頃まで自己意識があるとは言えない時期があり、一歳半くらいから自己意識が働き始め、二歳と三歳の間に自分を客観的に評価できるようになる、というものです。大型類人猿（図1－1参照）には自己意識が働いていると言えそうだけれども、第三の水準に至るのはヒトだけと考えます。

ルイスとの出会い

マイケル・ルイスは、現代を代表する発達心理学者の一人であり、米国ラトガーズ・ロバート・ウッド・ジョンソン医科大学教授で、ラトガーズ大学[3]教授も兼任しています。彼は四五〇を越える雑誌論文と共著の分担執筆、三五冊に及ぶ著書を出版しています[4]。

私がルイスの書いたものを最初に読んだのは、一九七五年に刊行された『乳児の知覚』という本の一つの章で、「乳児の社会的知覚」というタイトルでした[5]。読んでみて驚いたのは、有名かつ当時健在だった、**ギブソン夫妻**、**コンラート・ローレンツ**、**ジャン・ピアジェ**などの理論を次々に批判し、持論を展開していく小気味よさでした。彼自身が編集した『乳児の保育者にもたらす影響[6]』では、本のタイトルに目をみはりました。保育者の乳児への影響ではない（！）のですから。この本の彼の章は母子関係の観察についてのものでしたが、当時の私の研究に大きな示唆を与えました。

ギブソン夫妻、コンラート・ローレンツ、ジャン・ピアジェ

彼らについては、翻訳書も解説書もたくさんあります。そこで、ここではそれぞれの研究者の紹介ということはせずに、ルイスらの批判点を述べることにします。

ギブソン夫妻はアメリカの知覚心理学者ですが、ルイスらは、ギブソン夫人の次の文章を引用しています。「私は夫であるギブソン、J. J. とともに、世界には構造があり、刺激にも構造があり、情報をもたらすのはこの刺激の中の構造だと考えている」。そしてギブソン夫妻の知覚の見方を次のように批判しています。「ギブソン夫妻は知覚者を能動的な主体とは見ていない、受動的に刺激を受け取るだけと考えている」と。つまり、知覚者主体ではなく刺激主体だというわけです。

ローレンツは、オーストリアの動物行動学者で、生得的解発機構というものを想定しました。生まれつきの否応なく行動させられてしまうメカニズムです。例えば、ハイイロガンのヒナの〝刷り込み〟では、生後初めて目にした動くものを何でも、あたかも母親を追うように追いかけてしまうわけです。ルイスらは、ヒトの社会的知覚では、乳児がヒトの顔を好むのは複雑だからと説明できるように、より認知的であるとして、このメカニズムの存在を否定します。

スイスの発達心理学者ピアジェの発達段階説は認知的な側面の理解にはあてはまるが、社会情動的面にはあてはまらないのではないか、とルイスらは考えます。社会情動的な面は、人とのやりとりによって変わるのだから、普遍的ではないということです。これは後述の〝社会的ネットワーク理論〟[7]とつながります。なお、ピアジェについて、私は『発達の理論』所収の岡本夏木の解説以上のものを知りません（コラム「ピアジェの発達段階説」も参照）。

怖いもの知らずの私は、最初の論文[8]を英語で書いたのですが、それにもう一本英語の論文を加え、ルイスに送りました。ありがたいことに、論文の抜き刷りとともに返信の手紙が来ました。

「論文ありがとうございます。私も生後三カ月くらいと八カ月くらいに発達の転換点があると考えていて、あなたのデータはそれを支持しています。……あなたの研究はとても興味深いので、ぜひ今後も交流を続けて下さい」（一九八一年七月七日）とあります。私は勤務する大学の在外研究制度で、一九九〇年度と二〇〇二年度、彼の研究所に滞在しました。一九九〇年度には乳児のストレスについて共同研究をしました[9]。研究計画の段階から携わり、当時、日本ではほとんど考えられていなかった研究倫理書類の書き方、データ処理の仕方などを学び、帰国後、私の研究方法は根本的に変わりました。それまでは、とにかく自分の興味に従って研究すればいい、と考えていたのですが、研究成果の発表まで視野に入れることにしたのです。その頃の研究については、『乳児のストレス緩和仮説[10]』にまとめてあります。二〇〇二年度は、共同で日米幼児の課題解決場面の行動を比較検討しました[11]。

図 1-2　1歳10カ月児に乳児の心理について質問するルイス

ルイスについて写真を一枚ご紹介します（図1-2）。私の息子が一歳一〇カ月の時、ルイスは東京にやってきました。私の勤務する大学を案内していたら、ルイスがほほえみながら「〇〇〇（息子の名前）に乳児の心理を講義してもらおう」と言いだしたのです。写真でルイスが「先生、質問があります！」と手を挙げています。彼らしい発想だし、私はこの写真をとても気に入っています。

1　自己とは何か

ルイスの研究分野は、〝社会的ネットワーク理論〟など多岐にわたりますが、その中核をなすのは自己発達理論と言えるでしょう。自己に関する文献の量は膨大であり、ルイスの理論を他の理論と比較するということは「気力を萎えさせる」[12]だけです。そこで、ここではルイス自身の自己発達理論をたどることにします。ルイスの理論を知ることで、私たちが子どもを理解する上で大切なポイントがわかると思います。「理論は、私たちに観ることが必要な事象を教えてくれる」[13]はずですから。

ルイスはブルックス・ガンとともに、一九七九年、『社会的認知と自己の獲得』[13]という著書を刊行しました。まずこの刊行年に注目する必要があります。この頃、乳児の能力は、爆発的な研究の増大により次々に明らかにされていました（赤ちゃん学革命[14]という人もいます）が、一九七九年はまだその中期でした。そのため、同書の記述には今から考えると古いものもありますが、生後八カ月頃に対人認知能力がめざましく発達すること（後に「九カ月革命」と呼ばれる）の指摘、自分に似た存在を認識する〝like me〟という用語の使用、ビデオによる自己の実験など、時代を先取りしたものも多いのです。

社会的ネットワーク理論

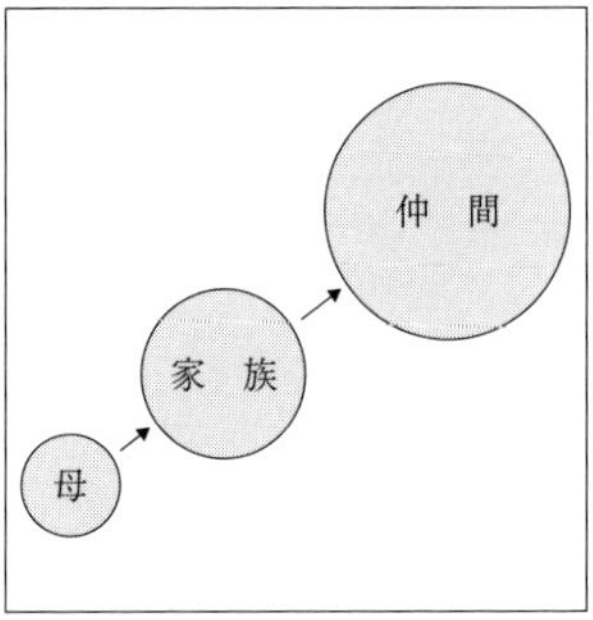

図Ａ　漸成的理論 [15]

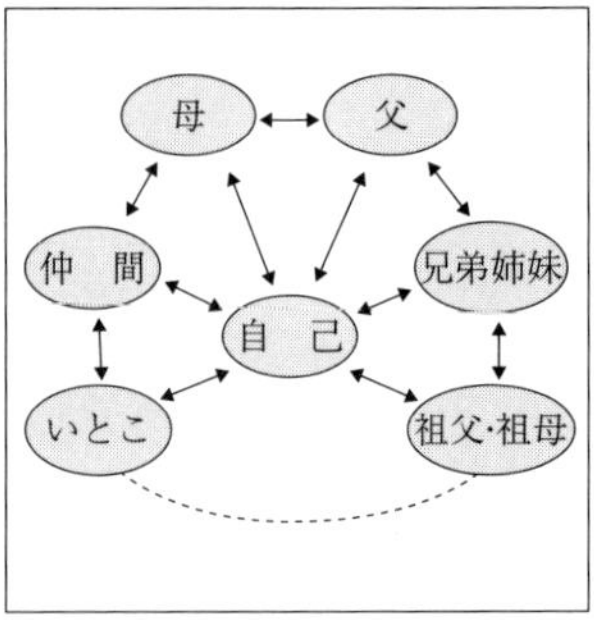

図Ｂ　社会ネットワーク理論 [15]

図Ａはフロイトなどの漸成的（生まれつき持っているのではなく、形成されていくと考える）理論で、単線的です。また母親との関係がうまくいかないとその後の対人関係に重大な影響を及ぼす、と考える決定論でもあります。

図Ｂが〝社会的ネットワーク理論〟で、相互交渉を重視します。ネットワークの中心は自己であり、相互交渉が二者間だけでなく、ネットワーク的に起こることが特徴です。子どもの発達にとって重要な人は、母親だけではないのです。何と言っても注目すべき点は、ネットワークが個人個人によって異なると考えることです。さらに、このネットワークは常に変化していると考えるのです。[16]

ルイスの発達観は『運命は変わる』[17]という著書に集約されています。

九カ月革命

乳児の急激な発達をたとえる用語です。フィリップ・ロシャは、次のように言います。「新生児は反射だけで生きているわけではないが、行動を計画したり、きちんと周りを調べたりしているわけでもない。二カ月になると劇的な変化が起こり、考えたり、評価したり、計画したりする。これが二カ月革命だ。そして、九カ月になると他者がものとどう関連しているかなどを理解できるようになる。九カ月革命である[18]」

私は、これらの考えと私自身の考えをまとめたことがあります[15][19]。私のデータによると、生後三カ月くらいと八カ月くらいに対人関係が大きく変化します。これについては、終章でまたふれることにします。

『社会的認知と自己の獲得[13]』は一〇章で成り立っています。内容を簡単に紹介すると、最初の章で、それまでの自己に関する研究をまとめています。自己についての実験的研究はほとんどなく、あっても逸話的なものであったといいます。第2章はミラー課題（この後、詳しく述べます）、第3章は一週間前の自分と今の自分をモニターで見るビデオ課題、第4章は自分を含めたいろいろな人の写真を見せられる写真課題、第5章は写真課題に母親が指をさし「あれはだれ？」と聞く言語課題の実験結果をまとめています。第6章では自己の発達の個人差について分析を進め、第7章では自己の発達と情動の関係を検討しています。そして第8章では自分たちのデータを他者のデータと統合し、自己発達の理論を呈示しています。第9章・10章では自己発達理論と社会的認知との関連、自己発達理論と認知発達全般とのつながりなどに議論を広げています。

ここから少し面倒な専門用語が出てきますが、あまりむずかしく考える必要はありません。第1章では、これまで多くの研究者たちが自己の二層性を強調してきたとし、それらを〝実在的自己〟と〝範疇的自己〟と呼んで紹介しています。〝実在的自己〟とは、自己は他者からも外的世界からも区別されているという見方で、**ジクムント・フロイト**を中心とする精神分析学者たちが考察したものです。実在的自己は生まれた直後から働いているとされますが、それを証明することはできないとルイスらは考えています。一方、〝範疇的自己〟は自分の属する性・自分の体の大きさ・自分の強さや能力に関するもので、こちらは実験的に明らかにできるといいます（性に関しては現在の観点では含めないかもしれません）。そのため同書で扱うのも範疇的自己です。

ジクムント・フロイト

オーストリアの精神科医で、「無意識」を重視したフロイトについては、著作集をはじめ、たくさんの文献があるのはご存じの通りです。「ピアジェ」のコラムでも紹介した『発達の理論』という本の一つの章に、鑪幹八郎の「精神分析と発達心理学」[20]があり、とても参考になります。最初の部分にフロイトの理論が説明されています。

フロイトの考える心の構造を表したのが図です。〝自我〟が真ん中に描かれています。これは自分の世

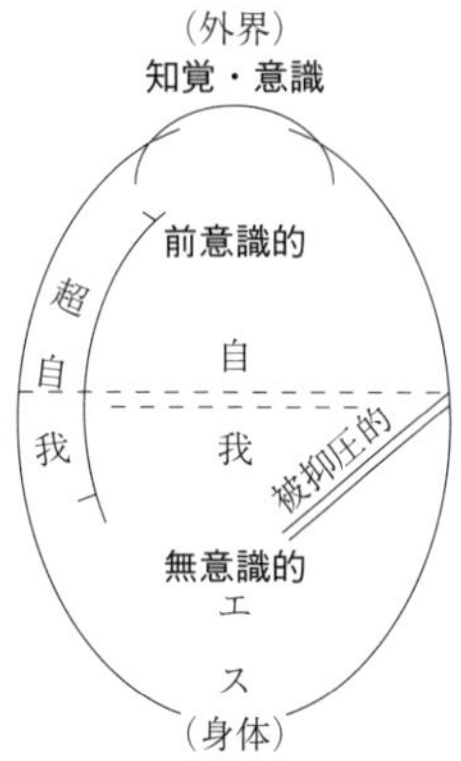

図　フロイトの考える心的構造(20)

界ですが、意識的でもあり、無意識的でもあると考えるのです。ルイスらの本には〝自我〟の索引はありません。ただし〝実在的自己〟は〝主体としての自己〟とも書かれていますから、〝実在的自己〟は〝自我〟に近いということでしょう。

なお、フロイトが創始者である精神分析学をわかりやすく紹介し続けた小此木啓吾の本[21]もあります。フロイトの人生と理論を知るにはうってつけでしょう。

範疇的自己をどのように研究するのでしょうか。先ほど後回しにしたミラー課題を例にしてみましょう。ミラー課題は、ゴードン・ギャラップ[22]が行った有名な実験で用いられました。チンパンジーとアカゲザル（アカゲザルは旧世界ザルに属し、ニホンザルの仲間です。前掲図1－1参照）を対象に、麻酔で眠らせている間に耳などに赤いペンキを塗り、目覚めた後、鏡を見せたのです。鏡にうつっているのが自分だとわかると自分の耳をさわるだろうが、自分だとわからず仲間だと思うと鏡に手を伸ばすはず、という論理です。自分の耳をさわれば鏡にうつる自分がわかっている（〝自己再認〟といいます）と考えるのです。ですから、ルイスの扱う自己は、ほんの一部分であり、さらに視覚

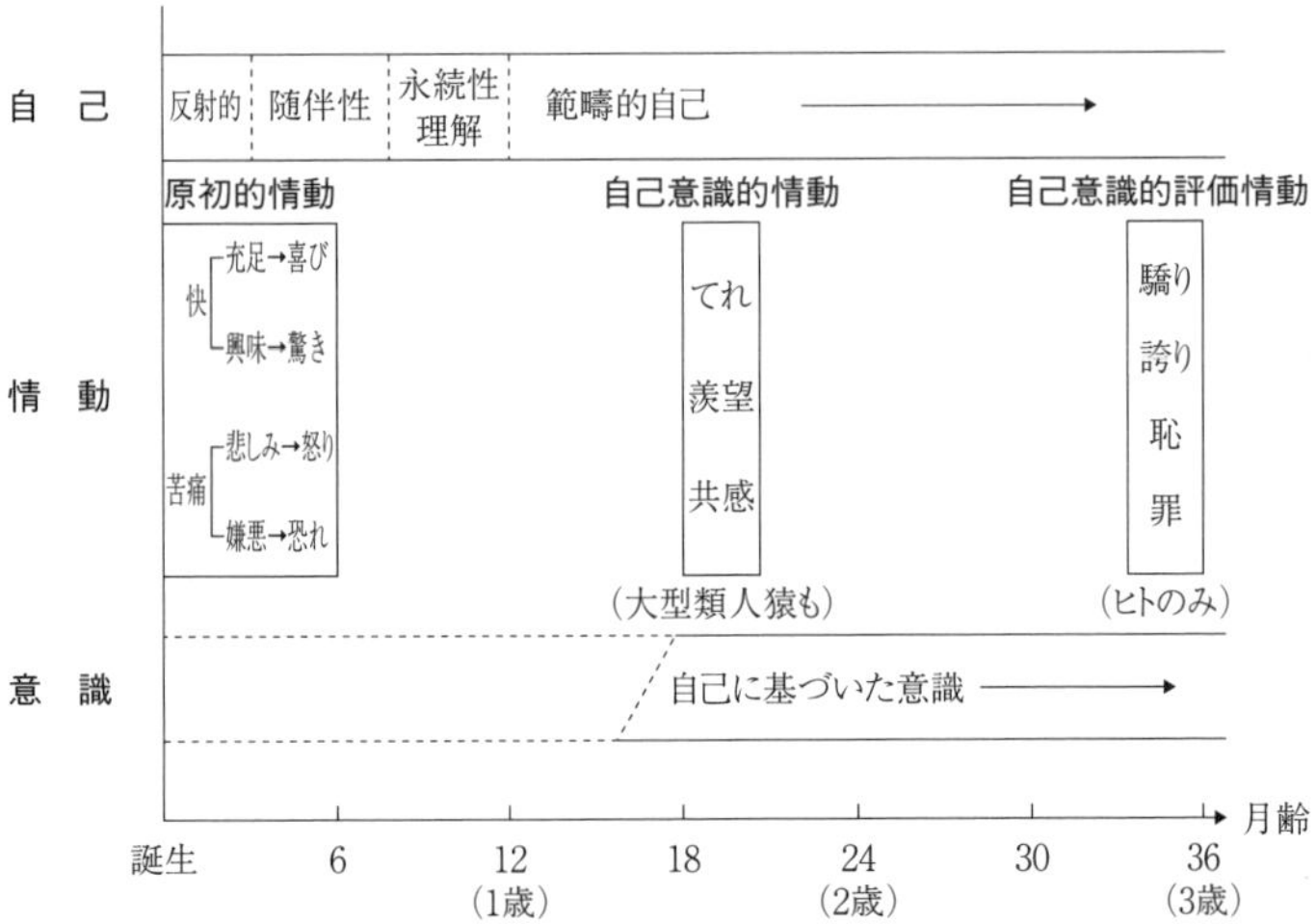

図 1-3　ルイスの自己発達理論 (23)

いによるものに限定されています。生後九カ月より前に自己再認ができる可能性はあるけれども、それを測る方法がないので、同書で実験対象にするのは生後九カ月以降の子どもたち、と断っています。なお、ルイスはミラー課題をヒトに応用するにあたり、母親に対象児の鼻の頭に口紅を塗ってもらう方法に変えています（ルージュ実験と呼ばれることもあります）。

つまり同書の内容は、主に自己再認というものさしを使った実験で、範疇的自己を少しでも解明し、自己発達に関する他の研究者たちの見解も統合する試みと言えるでしょう。

第9章に、その試みのまとめが述べられていますが、生後九カ月以前の記述は、**ピアジェの発達段階説**など他の研究者の見解に基づくことになります。

生後〇～三カ月　反射的時期。社会的事象への興味、自他の区別をし始める時期。

生後三～八カ月　自分が動くと鏡などの像も動くという関連（随伴性）がないと自分がわからない、認知能力の獲得の時期。

生後八～一歳〇カ月　例えば母親はずっと存在し続けるという、人の**永続性の理解**の時期。範疇的自己の芽ばえがある。

生後一歳〇～二歳〇カ月　**表象**行動や言語が発達し、年齢や性別などの自己範疇ができる。

これらの自己発達の流れを図1－3の上段にまとめました。ルイスは「自己」をまず定義せず、視覚的に自分の像がわかるかという実験を通して、目に見えない実在的自己ではなく、目に見える範疇的自己を研究しました。それが彼の考える「自己」だということになります。

ピアジェの発達段階説

ピアジェは、乳児期（感覚運動的段階）とそれ以降では、ものの理解の仕方がまったく異なると考えました。動くことや感じることでものごとを理解する感覚運動的段階（〇カ月～二歳〇カ月頃）の中頃には、永続性を理解することができるようになります。

永続性の理解は、「ものの成立」とか「ものの保存」と呼ばれることもある、ピアジェの用語です。ものが見えなくなっても、ものはものとして存在するということがわかることです(7)。

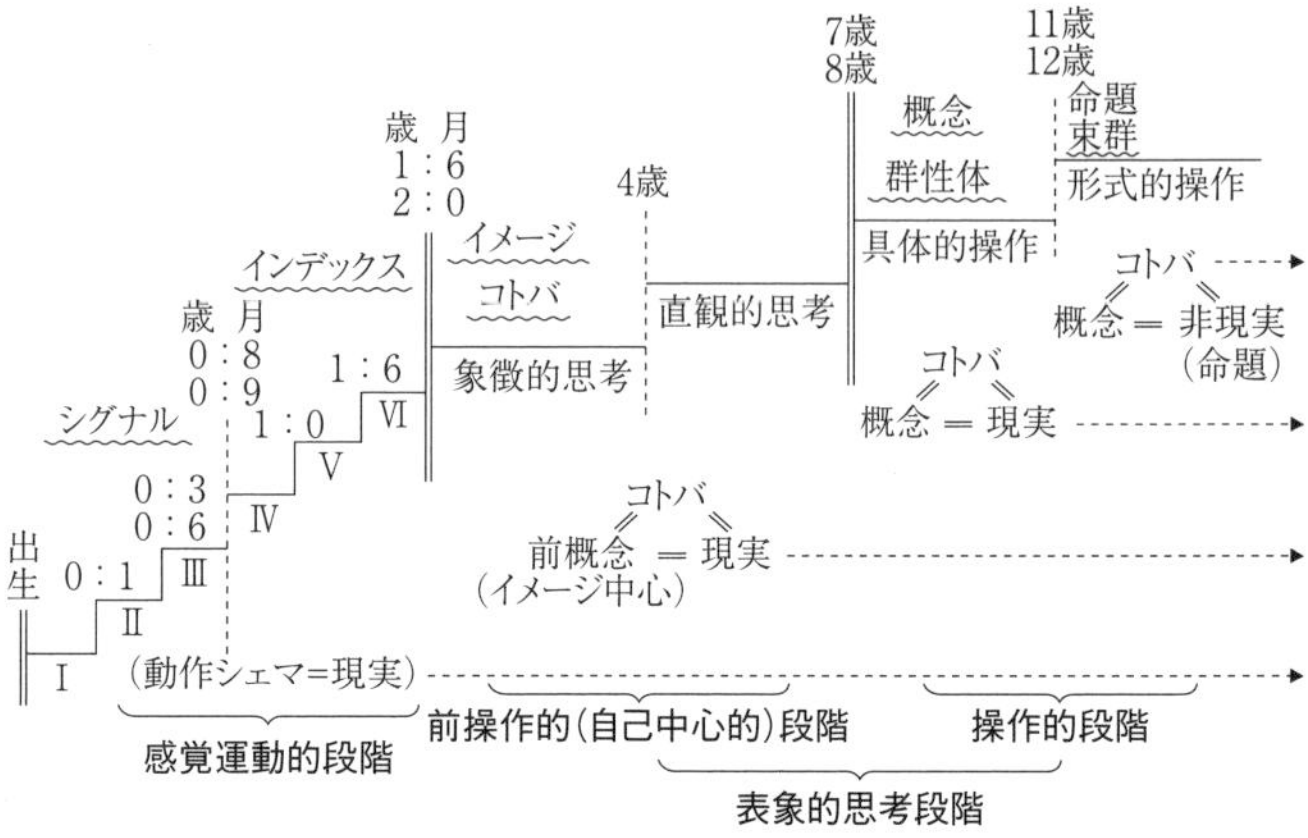

図　ピアジェの発達段階説(7)

感覚運動的段階の次に、前操作的（自己中心的）段階が来ます。この自己中心的というのは、自分の観点でしかものを見ることができないということで、自分勝手というのとは違います。ピアジェは感覚運動的段階にはイメージやことばのような表象を働かせることができないが、前操作的段階以降にはできると考えました。

表象を辞書で引いても、かえってよくわからないものが多いですが、イメージや概念など実際にないものを思い浮かべることと考えておきましょう。森口佑介は、「現前しない対象を喚起する知的活動[24]」とまとめています。

図はピアジェの発達段階説を岡本[7]が表したもので、よく引用されています。ピアジェは、すべての子どもたちが図のような段階をたどって発達していくと考えたのです。

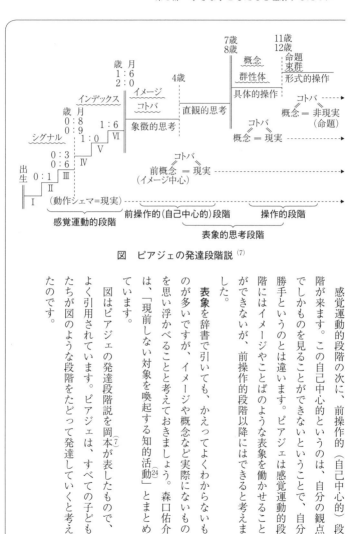

2　様々な自己

乳児研究者であるロシャの編集した『乳児期の自己[25]』という本があります。その中にルイスの「自己の諸相[26]」という論文があるので、要約したいと思います。この論文は、データに基づくものではなく、二つの自己を明確に規定し、その一つがある意味でヒトに特有であることを論じるものです。

この論文では、前節で述べた〝実在的自己〟を主に〝主観的自己意識〟と呼び、〝範疇的自己〟を〝客観的自己意識〟と呼んでいます。そして、後者は一歳半くらいから発達する、と述べています。後述するルイスの最新の著書で、〝意識〟が一歳半くらいから機能すると考えていることとつながります。

また、乳児の研究の中で、自己が生まれた時からあるかないか、というような混乱があるのは、異なる自己を意味しているからではないか、といいます。ルイスによれば、〝主観的自己意識〟と〝客観的自己意識〟を分けるのは、〝精神の状態〟であり、前者にはその理解がないが、後者にはある、としています。精神の状態は意図と同じ意味であり（私の解釈では、〝精神の状態〟には〝精神の状態の理解〟という意味が含まれています）、例えば新生児の模倣や乳児初期の微笑で、新生児が意図的に舌を出したり乳児が意図的にほほえんだりするとは考えられない、と述べています。つまり、新生児や乳児期初期には自分の気持ちを理解し、こうしようと考えるような認知能力はない、という前提に立つのです。

新生児の模倣

新生児の模倣は、それ以前にも記述がありましたが、本格的な研究と言えるのは、アンドリュー・メルツォフらの実験(27)で、メルツォフ自身が舌を出したり口を開けたりしている写真の下に、生後二〜三週の新生児が同じ行動をしている写真が並んでいるのが有名です。一九九九年にはメルツォフたちの新しい論文も含んだ本(28)まで出版されています。ただ、この新生児の模倣には、単に伝染（後述）に過ぎないという批判がつきまとっています。最近の論文(29)のデータも、新生児模倣に懐疑的です。

乳児初期の微笑

新生児（胎児も）は、まどろみながらほほえみます。これは自発的微笑と呼ばれています。自発的微笑は、生後数カ月で消え、目覚めた状態での対人的微笑になる、と一般的には考えられてきました。私たちは、一歳を過ぎても自発的微笑が見られることを示しました。

それをまとめた私たちの著書『ヒトはなぜほほえむのか(30)』の序文として、ルイスは乳児初期の微笑について、以下の文を送ってくれました。

「現在生後三カ月である私の孫娘ヴィヴィアンが私の顔を見て微笑し、私も微笑したとき、私は、彼女の微笑と私のそれが同じであること、これらの微笑をもたらす過程が同じであること、を想定しないことが重要だと考えています」

さらにルイスは、主観的自己意識が self と対応し、客観的自己意識は me に対応するといいます。そして、self は生まれた時からあるが、me は一歳半までない、と考えます。また、二つの自己意識の関係について、主観的自己意識は客観的自己意識が成立してもなくなるのではなく、並立すると述べています。

ルイスは、客観的自己意識の発達には大脳前頭葉の成熟が必要であり、客観的自己意識はヒトと同様ではないが大型類人猿にもあるといい、イルカやクジラにも働いている可能性を指摘しています（ミラー課題による自己認識の研究は、アジアゾウ[31]やイルカ[32]などに広がっていて、アジアゾウもイルカもミラー課題を通過しています。フランス・ドゥ・ヴァール[33]は、ミラー課題の研究史をうまくまとめています）。

自己の進化については、第４節でさらに取り上げます。

ルイスは、客観的自己意識が生まれた時から機能しているという考え方について、次のように言います。新生児が精神の状態を理解しているという命題は、研究者の世界観によるので反証できない、ただもし新生児が精神の状態を理解しているとすると、それ以上何が発達するのだろうか、と。

3　情動と自己

ルイスの主な研究分野の一つは情動発達です。情動とは、喜怒哀楽に代表されるようなものです。その情動発達と自己との関係に移りましょう。というよりも自己の発達を考えていくと情動について考えざるをえない、ということになります。そして情動発達を考えていくと、これまでに出てきた一歳半という発達の節目に続く、第二の節目が見えてきます。

ルイス自身が編集者でもある『情動ハンドブック第3版[34]』で、ルイスは二つの章を担当しています。ヒトの情動発達に関する章と、自己意識的情動に関する章です。ハンドブックなので元になるデータはほとんど出てきません。従来の研究の展望が中心です。

ルイスによると、生後三カ月までに「喜び」「悲しみ」「嫌悪」「興味」が、生後四～六カ月には「怒り」、少し遅れて「恐れ」が、さらに「驚き」が出てきます。これらは〝原初的情動〟とか〝基本的情動〟と呼ばれます（以下も含めて、情動に関する訳は遠藤利彦[35]によるものに基づいています）。

さらに、一歳半頃に〝意識〟や〝客観的自己意識〟または〝自己参照行動〟などの認知能力が獲得されると、〝自己意識的情動〟が出てきます。この自己意識的情動については、ハンドブックでは詳細に記述されていないので、次節で述べるルイスの最近の著書[36]の説明を引用すると、自己意識的情動に含まれる「てれ」は自分のイメージと違うことをしてしまった不快感を、「羨望」は他の人が持っている何かがほしいことを、「共感」は他者の立場に立てることを意味します。

二歳と三歳の間に、第二の節目があります。それは自分の行動を自分が持っている判断基準に比べ評価する〝自己意識的評価情動〟の出現です。これには四つの情動が含まれます。自分の基準に比べ成功した場合の「驕り」、特定の行動の評価に基づく「誇り」、自分の行動が基準・規則・目標に比べ低い場合の「恥」、恥よりも弱く特定の状況に起きる「罪」です[34]。

ルイスの情動発達モデルは図１‐３の中段に示しました。情動発達の分析で、ルイスは自己発達の第二の節目を明らかにしたわけです。それは自己意識的評価情動の芽ばえで、この情動が機能するのはヒトのみと考える点が重要でしょう。

４　意識と自己の発達

二〇一四年にルイスは、『意識の芽ばえと情動的生活の発達』[36]を刊行しました。タイトルからも、私がこれまでご紹介してきたルイスの思考過程のまとめであることがわかると思います。ルイスはいよいよ、イギリスの心理学者ジェフリー・グレイ[12]が「難問」とした〝意識〟に正面から挑むことにしたのです。グレイは、この難問を最初から定義することを避けて、「有益な定義は、問題解決の前ではなく、後で出てくるものである」[12]という方法を取りました。ルイスは「〝意識〟の発達とは〝自己参照行動〟の出現」[36]と定義づけています。前節で出てきた〝自己参照行動〟です。すなわちルイスの考えでは、意識が出てくるのは一歳半ということになります。その頃、子どもたちはミラー課題を通過し、人称代名詞を使うようになり、**ふり遊び**などを始めます。

ふり遊び

ふり遊びについては、森口[24]が解説しています。その中で〝うそ泣き〟が〝ふり〟の始まりと考えられています。中山博子[37]は、自然観察法で、〝うそ泣き〟について研究しました。〝うそ泣き〟の記述は以前からありますが、きちんとしたデータはなかったのです。中山は、家庭での縦断的観察の結果、生後一一カ月に〝うそ泣き〟が現れることを明らかにしました。さらに、〝うそ泣き〟が音声学的にも普通の泣きと異なることを示しています[38]。

なお、ふり遊びの実例は第５章で出てきます。

ルイスは、単なる反射か意図的な行動か、解釈に議論がある〝舌出し模倣〟を反射的行動とみなし、〝**情動の伝染**〟を「共感」とするような新生児有能観に疑問を投げかけています。新生児期に想定できるのは、適応的行動だけだといいます。そして意識は大型類人猿にもありうるが、自己意識的評価情動を示すのはヒトだけとします。これまでの主張と同じです。

情動の伝染

情動の伝染については、乳児の「泣き」の伝染などが知られていますが、ドゥ・ヴァール[39]は、それが共感や思いやりの起源であると考えています。種を越えた伝染もあるそうです。またロバート・プロヴァインは、『あくびはどうして伝染するのか』[40]というそのものずばりの本を出しています。

ルイスの考える〝**心の理論**〟の発達は、次のようになります。意識の発達は自己の発達と深く関連しているのです。

・私は知っている（新生児にもありうる）
・私は私が知っていることを知っている（意識が必要で一歳半くらいから）
・私はあなたが知っていることを知っている（自己意識的評価情動が出てくる二歳半くらいから）
・私は〝私が知っていることをあなたが知っていること〟を知っている（大人の水準）

同書の要点を図１－３の下段に示しました。

心の理論

私の〝心の理論〟の定義は、「ヒトが他者の心の働きの内容を理解できる時、そのヒトは心の理論を持つと言える」ということです。心の理論という用語の原点になったデイヴィッド・プレマックらの論文[41]はチンパンジーがヒトの心の状態を理解できるというものでしたが、今、ウェブ上で読むことができます。ただ残念ながらわかりやすくありません。心の理論の本は山ほどありますが、多くの図や写真が入った子安増生の本[42]から入るとよいのではないでしょうか。

まとめ

ルイスの理論、いかがだったでしょうか。専門用語がたくさん出てきて、とまどわれたかもしれません。肝心なのは、一歳半くらいに意識が機能するようになり、自己が確立し、「てれ」や「羨望」「共感」などの情動が出てきて、二歳半くらいにさらに自己を客観的に見られるようになり、「誇り」や「恥」などの情動が出てくるという、二つの発達の節目があるという主張で、第Ⅱ部の私の研究結果を考える時、参考にしたいと思います。

第2章 発達の個人差によりそう
――丹羽淑子のダウン症児研究から

第1章では、子どもたちが人とかかわる前提としての「自己」が発達する時期に注目してきました。それ以前の乳児期にも、他者への関心の下地は作られています。この章で紹介する丹羽淑子は、〝赤ちゃん学革命〟よりも前から乳児の実験的研究を進めてきた、乳児研究のパイオニアです。また、晩年は**ダウン症**児の理解に捧げました。この章では、丹羽のダウン症児研究から、発達の個人差を理解し、それによりそった対応・支援をすることの重要性を学びたいと思います。

ダウン症

ダウン症では、染色体が定型でなく、「21トリソミー型」と呼ばれる二一番目の染色体が一本多いタイプが大部分で、母親の年齢が高いとダウン症の子が生まれる頻度が上昇します。ダウン症の子は心臓病などを合併することが多いようです。(1)

丹羽との出会い

丹羽淑子は、一九一三年、広島県生まれ。広島女学院を卒業し、母校の英語教師をしている時、原子爆弾に被爆しました。夫と幼児を残しアメリカに留学、心理学で修士号を取ります。一九五四年から七九年まで東洋英和短大教授、その間に文学博士の学位を得、アメリカで児童精神分析学者**ルネ・スピッツ**とともに研究もしました。一九七七年から二〇〇〇年まで、代々木のクリニックでダウン症児のカウンセラーを続け、二〇一三年に帰天しました。彼女は、ダウン症の子どもたちの個人差に言及し、早期の教育的介入の必要性を訴えました。セラピストが母親によりそい、子どもの発達の様相を示し、助言し続けることをすすめています。

ルネ・スピッツ

スピッツはフロイトの弟子にあたり、乳児研究に多大な功績を残しました。スピッツの論文集は、ロバート・エムデによって『乳児期からの対話』[2]と題し、出版されています。丹羽は『母と乳幼児のダイアローグ』[3]という著書で、スピッツの論文を翻訳して要約し、略歴も含めて紹介しています。スピッツの最良の入門書でしょう。

スピッツの業績については後にもふれますが、簡略にまとめられたものとしては、丹羽の著作[4]があります。スピッツは、精神分析学を生み出したフロイトが、乳児期の重要性を指摘したにもかかわらず乳児を研究対象としなかったのに対し、その穴を埋めたのです。フロイトは対人関係を〝対象関係〟と呼びました。スピッツは、その対象関係の成立過程を研究したことになります。

私は大学の学部時代、実験心理学を勉強していました。しかし、私は実験心理学にはなじめませんでした。「これが心理学というものだろうか」と思っていたのです。その時、アメリカの心理学者ハリー・ハーロウの論文[5]を読みました。そこにはこうありました。

「愛は、人間にとってとても重要なものなのに、個人的なものということで、実験的研究に向いていないと考えられている。しかし、個人的感情はどうあれ、心理学者の使命はヒトや動物のすべての行動を分析することにある。心理学者は、この使命を果たしていない。詩人や小説家に負けている」

私の目指すものが見つかったのです！

ハリー・ハーロウ

ハーロウの有名な実験に、布で作った母親と針金で作った母親をアカゲザルの赤ちゃんに呈示する、というものがあります。針金の母親からしかミルクが出ない、という条件でも、赤ちゃんたちは布でできた母親にしがみついていました。

ハーロウの研究については、『愛のなりたち[6]』に詳しく紹介されています。さらに伝記まで含まれた著作に、デボラ・ブラム『愛を科学で測った男[7]』があります。

それから手当たり次第に、愛に関する本や論文を読み始めました。そして、刷り込みを研究した動物行動学者ローレンツの『鏡の背面』[8]の中にスピッツの実験が出てきて、第二の手がかりを得ました。ローレンツによると、スピッツは、乳児が生後三カ月頃、人に対して微笑するようになり、生後六カ月を過ぎると人見知りをするようになることを示しました。スピッツを調べていくと、なんと日本でスピッツの追試をしている研究者がいました。それが丹羽だったのです。

さっそく丹羽に手紙を書くと、会ってくださるといいます。一九七五年のことです。それから約四〇年おつき合いいただいたことになります[9]。

1　子育てのヒント

定型発達児の実験的研究を続けていた丹羽が、ダウン症児の研究を始めたのは孫の影響です。丹羽のダウン症児の研究には、子育てに関する示唆がとても多いのです。

丹羽からは、よく電話を受けました。一九八二年頃のはずですが、私が『先天異常の医学』[10]の中に出てくる、**ダウン症の子を持った親のための詩**についてふれました。これは、丹羽がアメリカのシスターから日本の親たちのために託されたものを、丹羽の教え子、大江祐子が訳したものです。丹羽が電話の向こうで、「川上さん、あなたあの本も読んだの？　勉強家ねえ！」と言った声が、耳に残っています。

ダウン症の子を持った親のための詩

天国の特別な子ども　エドナ・マシミラ

会議が開かれました　地球からはるか遠くで。
「また次の赤ちゃん誕生の時間ですよ」
天においでになる神様に向って　天使たちは言いました。
「この子は特別の赤ちゃんで　たくさんの愛情が必要でしょう。
この子の成長は　とてもゆっくりに見えるかもしれません。
もしかして　一人前になれないかもしれません。
だから　この子は下界で出会う人々に　とくに気をつけてもらわなければならないのです。
もしかして　この子の思うことは　中々わかってもらえないかもしれません。
何をやっても　うまくいかないかもしれません。
ですから私たちは　この子がどこに生まれるか　注意深く選ばなければならないのです。
この子の生涯が　しあわせなものとなるように　どうぞ神様　この子のためにすばらしい両親をさがしてあげて下さい。
神様のために特別の任務をひきうけてくれるような両親を。
その二人は　すぐには気がつかないかもしれません。

彼ら二人が自分たちに求められている特別な役割を。

けれども　天から授けられたこの子によって　ますます強い信仰と　豊かな愛をいだくようになること
でしょう。

やがて二人は　自分たちに与えられた特別の　神の思召しをさとるようになるでしょう。

神からおくられたこの子を育てることによって。

柔和でおだやかなこのとうとい授かりものこそ　天から授かった特別な子どもなのです。」


まず、丹羽が編集した『ダウン症児の家庭教育[11]』から、丹羽が執筆した部分をまとめてみましょう。

丹羽は、乳幼児の発達について、定型発達児とダウン症児に分けて時系列的に解説しています。丹羽は基礎研究から臨床に入ったので、データによらない物語的な記述はしません。ダウン症児は、反射力が弱く、泣きも小さいが、働きかけを続けることを親にすすめています（私は最初、乳児院で赤ちゃんの観察を続けました。その時、一人ダウン症の子がいましたが、丹羽が指摘したように泣き声が小さく、保育者は特に気をつけているようでした）。首のすわり、寝返りなどの出現が遅く、個人差も大きいが、発声や微笑などの社会的行動の出現には個人差が小さいといいます。はうこと、ひとり立ち、歩行の発達では個人差がとても大きいと述べています。つまり、ダウン症児の発達の特徴の一つは、個人差ということでしょう。

一つの章で、ダウン症の子どもを育てる基本が次のように明示されていますが、これは定型発達児の子育てにもあてはまるでしょう。

「ダウン症児に深刻な情緒障害などの問題が少ないということは、この子たちの天性ともいえる明るさと人に愛される性格にもよりますが、子ども自身が愛されていると感じて育っている証拠といってよいでしょう。これこそ、子どもが健やかに育つために最も大切な前提なのです」

さらに、「お母さんの自己診断」として、以下の八点の確認をすすめています。

①　子どもが親の言うことを聞かない時、あなたは子どもに年齢不相応の、あるいは現在の子どもの能力以上のことを求めているのではないか。

②　あなたの言うことをわかってしないのか、命令・指示そのものの意味がわからないのかを、子どもの身になって、その反応を考えてみる。

③　子どもを家族の中心において、特別に王子さま・王女さま扱いをしてはいないか。

④　「ハンディがあるから」とふびんがる気持ちが先に立って、しつけがおろそかになっていないか、子どもの要求には無理をとおして何でも言いなりになっていないか。

⑤　「どうせハンディを持つ児なのだから」とあきらめて、子どもの行動の是非に目をつむってはいないか、ある時は厳しく、またある時は大目にみるというようにしつけに一貫性が欠けて

いないか。
⑥　子どもを人に見られるのがいやだとか、いろいろの説明をつけて外に連れ出さず、家のなかだけに閉じこもりがちではないか。
⑦　私ばかりどうしてこんなに苦労をしなければならないのか、と悲観的にしかものがみえなくなっていないか。
⑧　別に子どもがかわいくないというのではないけれど、子どものやることなすことにイライラして、つい子どもにあたっていないか。
④から⑥はダウン症児の親向けでしょうが、すべての親にあてはまる内容です。子育てのむずかしさは普遍的ということでしょう。

2　ダウン症児の発達相談から

丹羽は、孫がダウン症だったことからダウン症の研究を始めたのですが、彼女がその後に残した功績を考えると、その体験がいかに重要であったかを思わざるをえません。本章の冒頭にも書いたように、彼女は一九七七年から二三年間、代々木のクリニックでダウン症の子とその母親の発達相談を続けました。六四歳から八七歳までということになります！　私は一度、その様子を見せてもらったことがあるのですが、丹羽と母子の間には、とても穏やかな空気が流れていました。

二〇〇四年に丹羽は、『あなたたちは「希望」である』[12]という本を出版します。クリニックで出会った一三人の母親との対談などが含まれていますが、テーマ毎に内容を要約したいと思います。

母・子・セラピストの関係

ここでのセラピストは丹羽であり、丹羽は母親に乳児の行動の意味を説明し、喜びと励ましをもたらそうとしました。自らのカウンセラーとしての力不足に悩んだ時、逆に救ってくれたのは母親たちだったといいます。丹羽はある母親の感謝のことばに次のように応じています。

「お母さんと一緒にひたすらお子さんをみて、またお母さんと一緒のお子さんの動きに注目して、その微妙に変化する姿からともに学ぼうとした私の二〇年が、いま評価された思いです。うれしいです。ありがとう」

丹羽は母子を外から客観的に見つめただけでなく、母親によりそい共感し、一緒に考えています。冷たい臨床ではなく、温かい臨床なのです。その温かさの原点が、丹羽自身の孫の存在でしょう。

ある母親は言います。

「[丹羽――以下、［　］内は筆者による］先生が、〇〇〇ちゃんのおばあさまであるということも、私たちの安心感のひとつでしたね。同じ立場というか」

丹羽の真理に対する謙虚さが、多くの母親との深い関係をもたらしたのだと思います。例えば丹羽は、ダウン症の子どもたちを、「私にも何百人という先生がいます」と表現しています。

ダウン症児と接する秘訣

この本にはダウン症児を育てるコツがちりばめられています。

「[丹羽先生に]『こうして母親の手の温もりを子どもに伝えなさい。それがいまは悲しくてつらいかもしれないけれど、触ってやることによって、お母さんの温もりが子どもに伝わるのよ』といわれた」

「ダウン症の子は頑固と決めつけないで。私たちが彼らの心情を理解できていないのかもしれない。彼らの思いや願望が正しく伝わらない、伝えられないもどかしさをわかっていないのかもしれない」

「[ことばが出にくいので]『何がして欲しい?』とは聞かないで、『あれか、これか?』と問いかける」

〝温《ぬく》もり〟は、子育ての秘訣のキーワードの一つでしょう。これが「愛」とかかわることは確かだと思います。

両親の関係と子どもの存在

前節でも述べたように、私は乳児の研究を乳児院で始めました。乳児院という施設は、親が何らかの理由で育てることができない子どもたちの世話をしているわけです。そこには、ハンディキャップを持った子が産まれたことで両親が別れてしまい、養育されていた子がいました。丹羽の本には、その反対に絆が深まる両親が登場します。ダウン症の子を持つ母親が、次の子を身ごもった時、夫がこう言ったそうです。

「どんな子が生まれても育てる。……その覚悟で産もう。……ダウン症なら万々歳」

ハンディキャップを持った子を福児《ふくご》といい、大事に育てればきっと幸せを運んでくる、という言い伝えをある母親が紹介しています。丹羽自身も次のように言っています。

「人の値打ちというのは『何ができるか、こういうことができるから尊い』のではなく、その子の存在が、いつの間にか相手を変えているのだと思えるようになりました」

共感力

共感についての研究はたくさんありますが、ダウン症児の共感力ということはあまり聞きません。丹羽は私たちに研究すべきテーマも残したのです。

「ダウン症の子どもの理解力には、ハッとするものがあります。相手の心を読み取る力というか、こちらが一番いわんとしていることや、何となくことばにしていわないでいることなど、そんなところを心憎いほど分かってしまう」

「非常に感受性が鋭くて、相手の感情についてはとても敏感です。こちらがどう思っているかを非常によく察します」

「彼らの〝感受性〟の鋭さは想像以上で、それが他者に理解されないことへのいらだち、ことばでいえぬもどかしさがあるのです。それだけに、人の自分に向ける視線や態度に敏感です」

3　子どもと真正面から向き合う

一九九八年に保育園で行った丹羽の最後の講演は本になっています。『みんなおなじいのちの仲間』[13]です。最後の講演と考えていたためか、丹羽自身の子育てについても多く語られています。

丹羽は、孫がダウン症と知った時に衝撃を味わった体験から、ダウン症の子を持った母親にその衝撃から早く立ち直ってもらいたい、と思うようになります。子どももその母親の衝撃に影響を受けるからです。そして、ダウン症の子の両親が自分たちの子どもをあるがままに受け入れられるよう、援助したいと考えたのです。

丹羽は、保育園の子どもたち（定型発達児も含めて）の両親たちに次のように言っています。

「みなさんに申し上げたい。今みなさんが育てている自分の子どもと、真っ正面から真っ正面から向き合ってほしい。そうすれば、もう他に何の心配もない。今、今日からでも決して遅くない。自分の子どもと真っ正面に向き合えば、それで大丈夫」

戦争中、夫が病気療養しており、丹羽は仕事を続けていたので、疲れていた丹羽は、子どものかわいい嘘も許せませんでした。大人の視点で子どもをみていた、と後で気づきます。

「［子育ては］心を掛けて、手も掛けてが一番よさそう。しかし、あまり手を掛け過ぎたり、心を掛け過ぎて、親も子も疲れてしまわないようにしよう。ご用心、ご用心」

4　発達の特徴を理解することの大切さ

ここまでは丹羽の本を紹介してきました。さらに、本に書かれたことのもとになっている論文を、二本だけご紹介しましょう。まず、「ダウン症児の早期発達診断と早期教育プログラムのための基礎的研究[14]」です。

生後二カ月～二歳六カ月のダウン症児九二（女児四四、男児四八）名と定型発達児九八（女児四四、男児五四）名を対象にして、MCCベビーテストを実施し、ダウン症児の発達には定型発達児と比べてどのような特徴があるか調べました。MCCベビーテストは、古賀行義[15]の監修により丹羽らが開発したもので、生後二カ月～二歳六カ月の子どもを対象にして、**発達指数**を算出するものです。例えば、生後二カ月の項目は、動く人を目で追う、人の声に注意する、周囲を見わたす、クーイング（のどの奥をならす）、水平に動く輪を目で追う、となっています。

ＭＣＣベビーテストと発達指数

ＭＣＣベビーテストは、Baby Test for Mother-Child Counseling の略称です。精神年齢とは、例えば生後一〇カ月の子どもの大部分が合格する問題を生後一〇カ月相当の問題として、ある子がそれを通過すれば「精神年齢一〇カ月」とするのです。実際の月齢を暦年齢といいますが、精神年齢を暦年齢で割って一〇〇をかけたものが発達指数です。考え方は知能指数と同じです。

生後二カ月ではダウン症児と定型発達児とで差が見られませんでしたが、それ以降は一貫してダウン症児に発達の遅れが見られました。図２－１の縦軸の合格率は、すべてのダウン症児のデータで、精神年齢が暦年齢と同じか、暦年齢以上であった割合を示しています。領域別項目で見ると、ダウン症児にとって、感覚知覚・身体運動などは比較的合格しやすいですが、言語理解・問題解決などは合格しにくいことがわかります。

ダウン症は早期診断が可能です。ダウン症の子どもたちの発達の特徴を理解することは、援助する時に、とても重要でしょう。

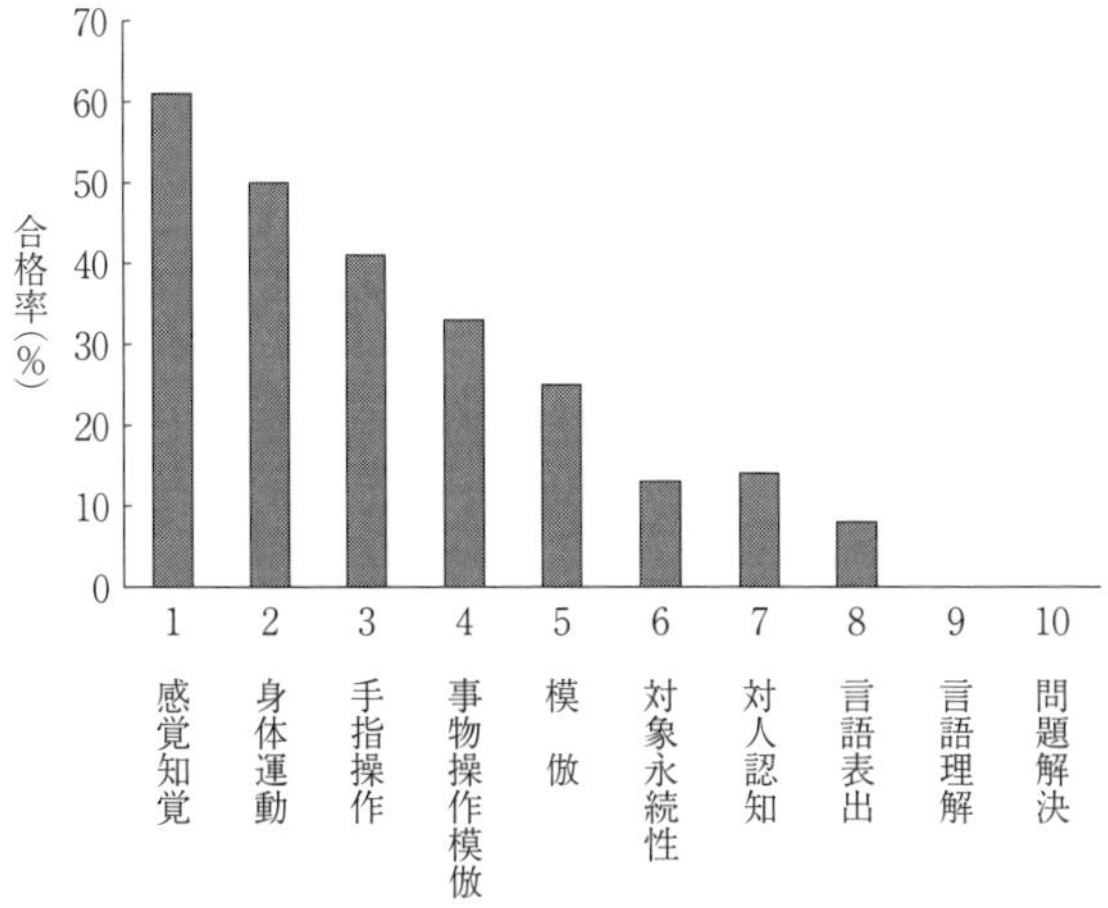

図 2-1　ダウン症児にとっての領域別項目の難易度[16]

次は、「ダウン症乳幼児の超早期教育的介入の効果[17]」という論文です。前述のように、ダウン症は早期診断が可能ですので、早期に教育的介入もできます。そして、子どもと日々接している母親を援助する必要もあります。丹羽らは、母親に対する指導仮説を立てました。以下に、一部変更して引用します。

① ダウン症児に初期から発達原理に基づいて適切な刺激を行うと教育効果がある。
② ダウン症児も定型発達児と同じ順序で発達するが、速度が異なる。その速度には個人差・個人内差［個人の中でも項目によって発達にばらつきがあること］があるので、各児のパターンに従った個別指導が必要。
③ 個人差はダウン症のハンディの程度による。
④ 診断は定期的・継続的に行い、各児の発達

の縦断的経緯をみる。
⑤　教育的介入は誕生後できるだけ早期から開始する。
⑥　介入の主体はあくまでも親、特に母親である。セラピストは援助・指導をする。
⑦　教育的介入の前提として、母親自身の情緒的安定、ハンディの受容、子どもとのアタッチメント関係の成立、療育へのモチベーションが必要である。
⑧　母親指導の目的は、母親の目を子どもに向けさせること。
⑨　乳幼児期の心理発達に無縁の母親が多い。行動の解釈・発達の見方を助け、ダウン症児の微妙な発達的変化を認め、遅々たる変化に耐えうるようにセラピストは援助する。
⑩　少なくとも二歳六カ月まで継続して指導する。

以上のような方針のもと、原則として月一回、一時間の指導が行われました。母親の前でMCCベビーテストを実施し、診断結果を伝え、また自由遊び場面も母親とともに観察し、子どもの行動を解説したのです。それらに基づき、対象児への刺激方法を指導し、家庭でのやりとり、玩具の工夫、月間の目標などを呈示したのです。母親は一カ月後、その間の報告をしました。

継続的指導の成果は顕著で、ダウン症の子に多い合併症（心臓病など）のない子はもちろんのこと、合併症のある子も発達指数が上昇を続けました。一方、合併症がなくとも指導が断続的だった子の発達指数は低下しました。図2－2と図2－3は、合併症がなく継続的に指導を受けた子と断続的に指導を受けた子の発達指数の変化を示しています。

縦断的

「縦断的」というのは、心理学の用語で、同じ対象を一定の期間、追跡研究する場合に使います。例えば、一〇〇人の新生児を一〇年間研究する、というようなことです。様々な年齢の対象を一度だけ研究する場合は、「横断的」といいます。

アタッチメント

アタッチメントとは、「ある人間や動物が特定の人間や動物との間に形成する情愛的な結びつき」[18]と定義されるもので、イギリスの児童精神科医ジョン・ボウルビィが考えたものです。ボウルビィの翻訳もありますし、数井みゆき・遠藤利彦のアタッチメントの解説書[19][20]も参考になります。

この論文は以下のような文で結ばれています。

「子どもの発達変化そのものが動機づけとなり、母親は子どもとの積極的関わりの中に自ら変化していく。……そこで発達プログラムが母親によって活かされ、子どもの発達が促進される。このような相互的なよい循環過程によって両者の治療が進展する」

これは定型発達の親子関係にもそのままあてはまることでしょう。

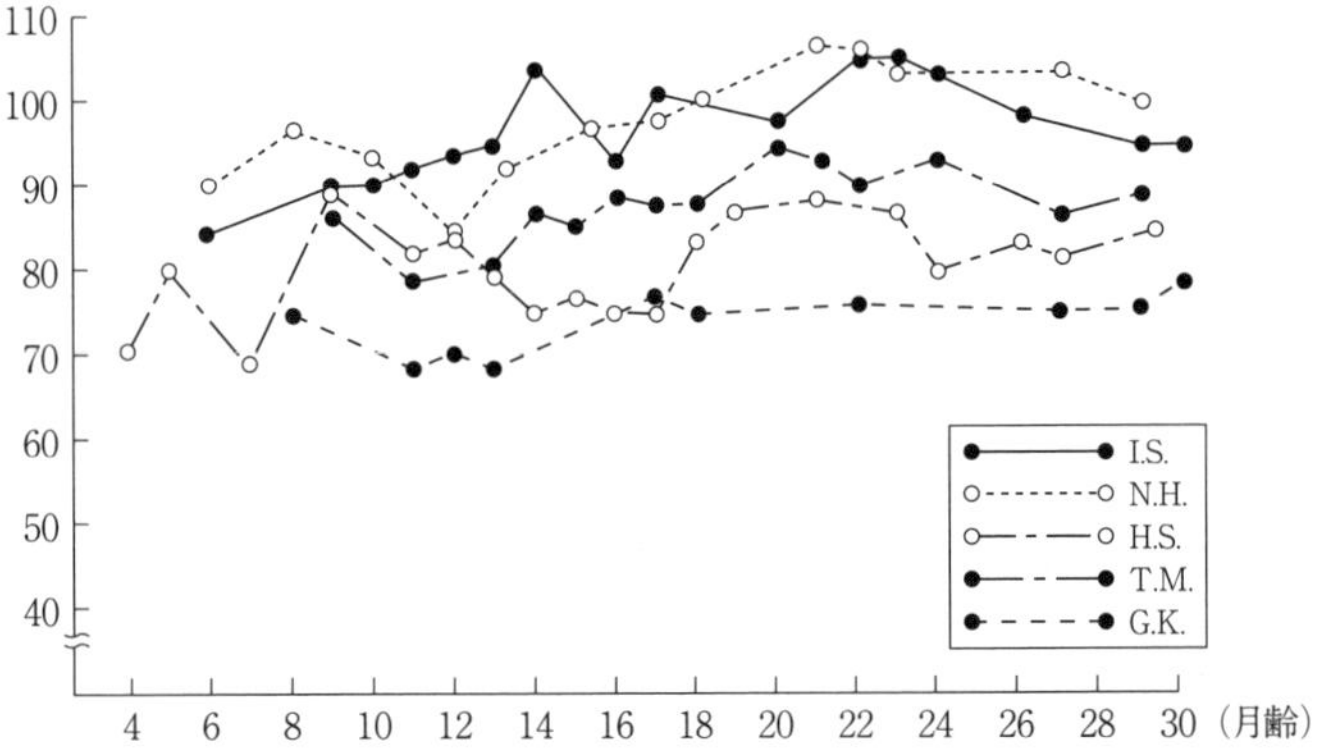

図 2-2　合併症なく継続的に発達指導を受けたダウン症児の発達指数 (17)

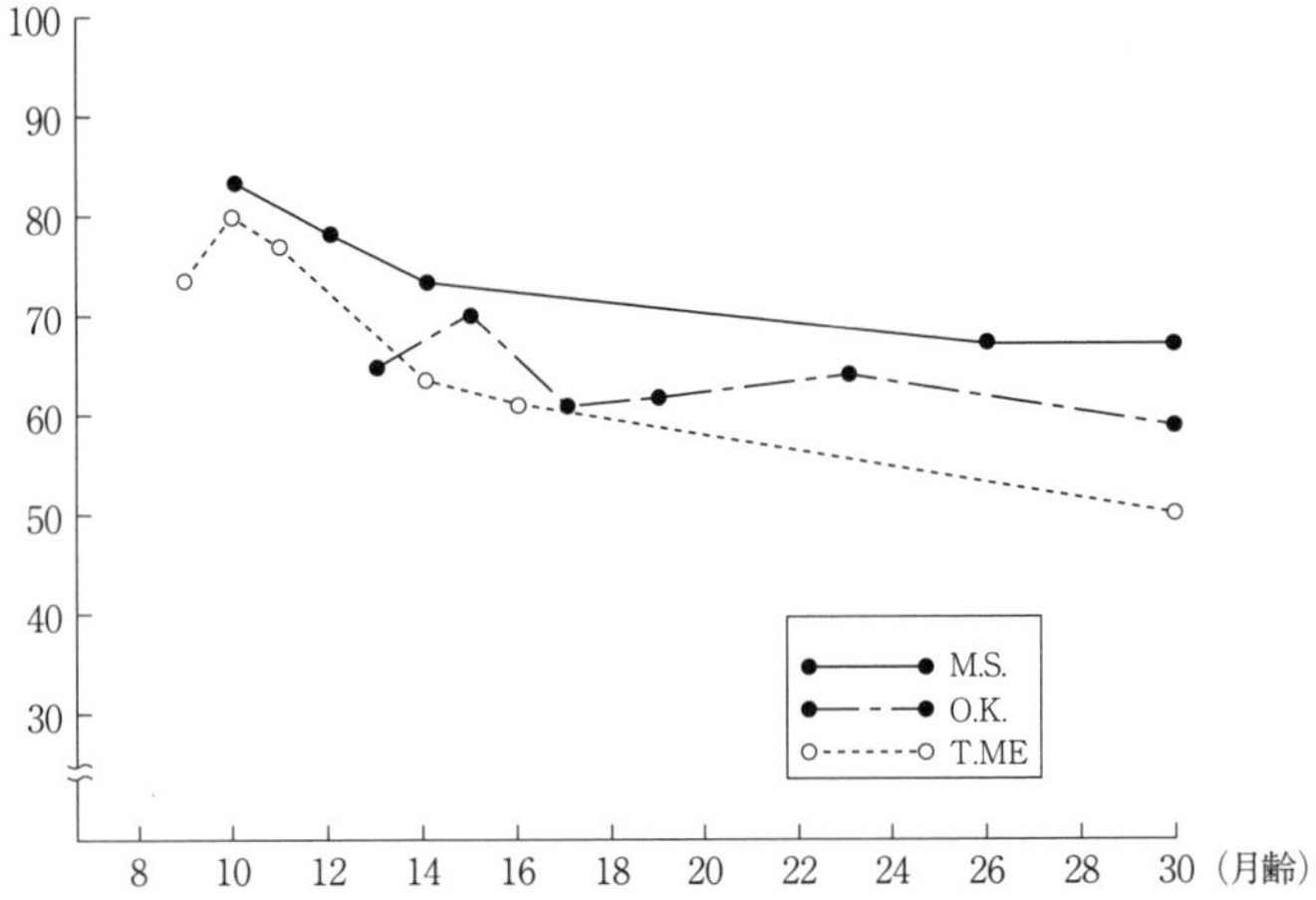

図 2-3　合併症なく断続的に発達指導を受けたダウン症児の発達指数 (17)

まとめ

一九七五年七月に私が丹羽から受け取った葉書があります。そこに「〔川上の〕観察記録、とくに心をとらわれました。私は直接観察（自然場面）の価値をとくに最近再評価している者です」と私の研究方法をほめてくれています。丹羽の研究の基本もやはり観察だと思います。晩年はダウン症の子を見続けました。そして母親にもよりそいました。

丹羽は、子どもと接する時、個人差に注目して、データに基づいた冷静な目を持つことの意味を教えてくれました。そのために子どもをよく見て、可能な限り子どもの立場を理解することが求められます。その冷静な目だけではなく、子どもに真正面から向き合い、温かく共感することが必要です。つまり、子どもを愛することが、子育てにおいても研究においても原点だということでしょう。

第3章 子どもに対して持ち続けたい視点
——村井実の〝よさ〟理論から

第1章のルイスの視点と第2章の丹羽の視点はともに心理学の視点でした。本書で紹介したルイスの論点は理論的で、丹羽は現場によりそうものでした。次に、子どもを見る別の視点を考えてみたいと思います。村井実の教育学的理論に移ります。ただ村井は自らの考えを〝教育学〟と限定しないですから、本当は〝人間学〟とでも言ったほうがいいのかもしれません。

村井は、〝人は「よく」生きようとしている〟という人間観に立ちます。子どもも大人も〝よく〟生きようとしているのです。それは性善説とは異なります。なぜならば、〝よさ〟が決まっていないと考えるからです。人はよく生きようとしているのに、そのよさが決められない、という村井の理論は、きわめて独創的ですが、わかりにくいかもしれません。

しかし、私たちは、日々子どもたちと接する時に、〝よさ〟理論を検証することができます。第II部でお話する子どもたちは、まさに〝よく〟生きようとしていることの証明でしょう。子どもたちは、日々懸命に生きています。もちろん、その懸命さは一人ひとり違います。ある子どもは人が大好きです。別の子どもはそうでもないかもしれません。しかし、ともに〝よく〟生きようとしている、と村井は考えるのです。以下では、私の思考過程も含めて、〝よさ〟理論を説明したいと思います。

性善説

性善説は、中国の孟子によって主張されました。孟子は「人間の本性が情動として発露するところを見れば、それは善を為すようにできている[(1)]」と述べています。それに対抗したのが荀子の性悪説で、「人間の性は悪であって、一般に善といわれるものは、偽、すなわち人為によって作られたものである[(1)]」と述べています。

村井との出会い

村井実は、一九二二年佐賀県に生まれました。広島高等師範を卒業後、広島大学と慶應義塾大学に勤務し、教育学を教えました。ハーヴァード大学やプリンストン高等研究所などでも研究し、現在、慶應義塾大学名誉教授です。村井の教育理論は、白根開善学校、ねむの木学園などの教育に活かされています。多くの著書がありますが、その一部を以下に紹介します。

私が学生の時、村井はすでに教育学の著名な教授でした。私は心理学専攻の学生でしたが、村井の『現代日本の教育[(2)]』を読み、頭をなぐられたような衝撃を受けました。何度も読み直したことを憶えています。卒業論文を書いている時、『教育学全集1』に含まれた村井の「教育とは何か[3]」を読みました。

私が大学院生になった時、村井に「愛について研究したい」と話しました。村井は「ソローキンについて調べてみたらどうか」と助言してくれました。**ピティリム・ソローキン**は私が求める研究者ではありませんでしたが、その後もたびたび「愛の研究はどうなった？」と聞かれました。本書の第II部は、私なりの経過報告のつもりです。

ピティリム・ソローキン

ソローキンは、ロシア生まれの社会学者です。ロシア革命に参加したものの政権を批判して追われ、一九二二年にアメリカに亡命。一九三〇年、ハーヴァード大学に招かれ社会学部を創設し、多くの研究者を育てました[4]。私が読んだのは利他主義に関する論文でした。

1　〝よさ〟とは何か

図3－1は、村井が『新・教育学のすすめ[5]』で教育の歴史をモデルとして表したものです。aは、遥か昔のギリシャ時代から今日まで教育の主流と言える、「手細工、生産モデル」です。子どもは、

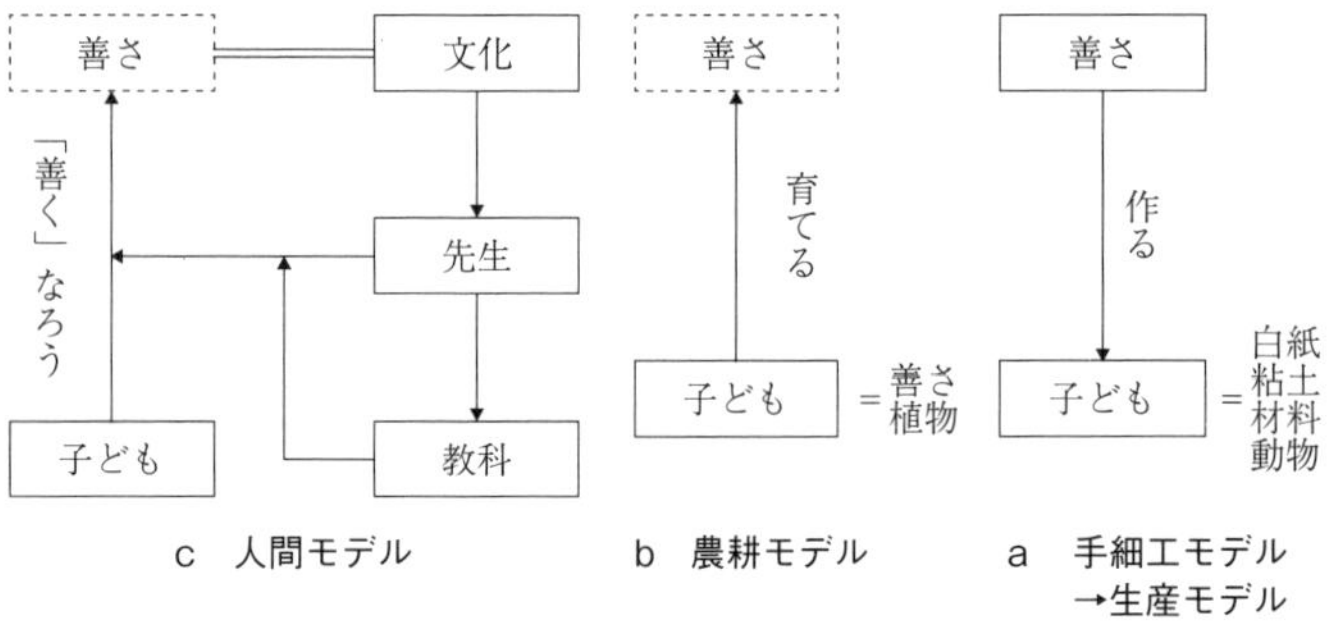

図 3-1　村井による教育のモデル (5)

白紙・粘土・材料・動物などと見られ、大人が決めた〝よさ〟を押しつけられます（図では漢字で〝善さ〟と記されていますが、村井は何度書いても自らの理論が性善説と混同されるので、近年はひらがなに統一しています）。bは、フランスの哲学者ジャン＝ジャック・ルソー(6)以来の子どもの見方、「農耕モデル」です。子どもに〝よさ〟がはじめから備わっていて、それを育てるのが教育ということです。子どもに〝よさ〟が生得的にあると考える点が問題です。

cが村井の提唱する「人間モデル」で、子どもはよく生きようとしていて（最初からよいのではないし、よさがあるのでもありません）、先生は子どものそばにいて働きかけることを示しています。先生と子どもの背後には文化があり、先生から教科という形で子どもに提供されるのです。〝よさ〟が破線で囲まれているのは、〝よさ〟が決められないからです。文化と教科について、村井はさらに次のように解説しています。

「子どもたちも、過去に『文化』をつくり出した人々と同じ

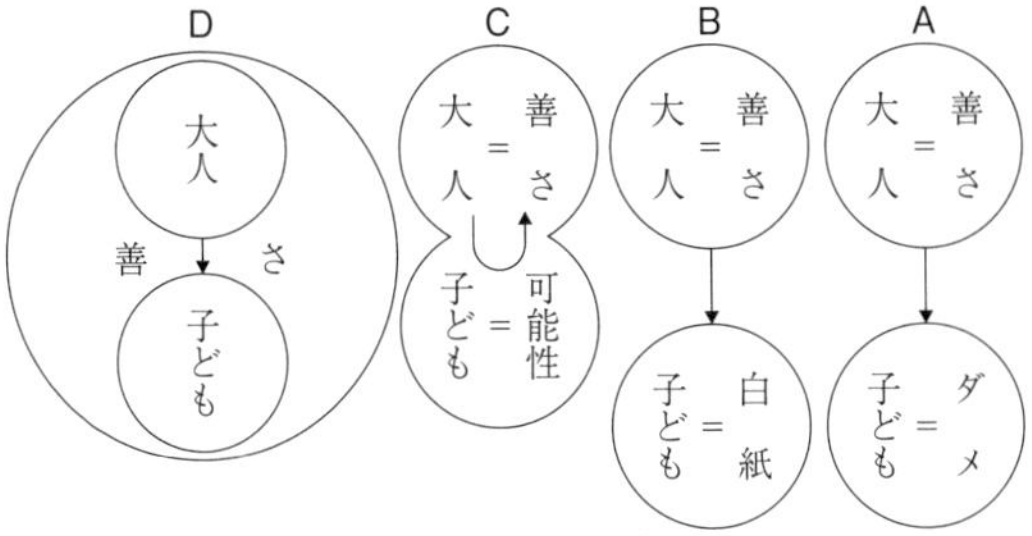

図 3-2　様々な子ども観[(5)]

構造をもって成長しているわけですから、『教材』が与えられると、それを自分の養分にしながら、自分なりの『よさ〔原文では漢字、以下同〕』をいずれ実現していくのです。その『よさ』は、過去の『文化』と重なり合ってくるかもしれないし、あるいは大いに違ったものになるかもしれません。しかし、『文化』というものは、絶えずそういう形で受け継がれ、更新され、発展していくものだと考えなければなりません」

「文化」も「教科」も決して固定されたものではなく、創造されていくものなのです！　ゆえに、〝よさ〟は決められないのです。この〝よさ〟は決められないという主張が、村井の理論の真髄と言えるでしょう。私は、この理論を知ることによって、ものの考え方が自由になりました。それまで受験勉強によってカチカチに固まっていた頭が解放されたのです。

図３－２も、村井の『新・教育学のすすめ』[(5)]に示された図ですが、Aは性悪説、Bは性白紙説、Cは性善説、そして自身の考えDは性同説と呼ばれています（後に村井は〝性向善説〟と呼んでいます[(7)]）。D

は、子どもも大人も同じ平面に立ち、〝よさ〟を求めている、と考えていることになります。

2　〝よさ〟を理解するために

症状主義

村井の考える〝よさ〟を理解するために、その反対の立場の症状主義を考えてみましょう。村井[5]は、症状主義を以下のように描いています。

「症状主義の教育が見事にその成果をあげたとして、その狙いとするあらゆるよさ症状――それは、算数、理科、国語、芸術、道徳、体育等として分類され整備されていくわけですが――が子どもたちに洩れなく起こりえたと考えてみてください。それが私たちの前にどういう姿で立ち現れるでしょうか。それは、実は想像もつかないのですが、壮観というより奇観、奇観というよりほとんどグロテスクという以外にないのではないでしょうか」

そして道徳を例にして、指導要領の生命尊重、健康安全、礼儀作法などの三二項目の〝よさ〟症状を備えた子どもを想像することを促します。症状主義の根本的誤りは、何でしょうか。村井は、教育学者である佐伯胖[8]による創作話〝風邪ひかせのヤブ医者〟を使って、以下のように説明します。

ある所に、風邪ひきが〝よい人〟ということになっている国があった。親たちは、何とか子どもをりっぱな風邪ひきにしようとした。風邪ひかせ専門の医者の元には大勢の子どもたちがやってきた。りっぱな風邪ひきの特徴を研究した結果、①三七度以上の熱を出していなくてはならない、②頭痛を訴えていなければならない、③だるさを感じていなければならない、ということが明らかになった。それらの症状を引き起こすための方法も考えられた。例えば、三七度以上の熱を出させるためには、カレー粉とワサビを全身にすり込むのがいい、などなど。その結果、三つの症状を兼ね備えた、りっぱな風邪ひきの子どもが作られた。でも親たちは、医者たちでさえも「なんだかおかしいな」と思っていたのである。

村井は、今学校で行われていることは、実はこのおかしな風邪ひかせと同じではないか、というのです。〝よい人〟を想定して、その特徴を探し出し、それを道徳の徳目に並べる、教科として並べる、ということではないのか、と。風邪は〝風邪キン〟によって引き起こされるのであり、症状の寄せ集めではありません。子どもたちにある〝よさキン〟を働かせればいい、と村井は考えるのです（念のためにつけ加えますが、もちろん村井は〝よさキン〟が本当にあると言っているのではありません。風邪ひかせの創作話からの連想です）。

大航海方式の教育

村井のいう〝よさ〟を理解するために別の例を示しましょう。学校につきものの教育目標に関するものです。黒板の上に「すなおな子　明るい子　よく勉強する子」などと掲げられていますね。村井は、これらを決まりきった目標と考えるのは問題だと言います。決まった目標を掲げる教育を定期航路方式といい、それを否定し、決められた目標のない大航海方式の教育を提唱しています(7)。大航海というのは、コロンブスなどのようにどこにたどり着くかわからない、あれです。村井は次のように述べています。

「大航海では行き先の目標がないのだから、目標に行き着くことが問題なのではなく、探検や発見が大切なのです。定期航路との決定的な違いは目標がないというわけではなく、達成目標がないということです」

図3-1の〝よさ〟が破線で囲まれているように、教育という航路の行く先は決められないのです。

〝よさ〟は〝悪さ〟？

村井の〝よさ〟理論を知ると、多くの人は性善説と混同します。しかし、それはまったく異なる子ども観なのです。

「子どもたちが『よく』なろうとしているということは、『よさ』があるということとははっきりと違うのです。たとえ『よさ』なんかちっとも無いように見えても、やはり子どもたちは『よく』

なろうとしている――この命題はそういうことを主張しているのです。『よく』なろうとしているのは、まだ『よさ』ではありません。もちろん、かといって悪いというわけでもありません。むしろその中間と考えなければならないのです[7]」

村井[9]は、私たちは時々子どもに〝よい子〟とか〝悪い子〟とラベルを貼るけれども、〝悪い子〟もよく生きようとしているのであり、例えばうまく学ぶことができずにじれているのだ、と言います。

村井による〝よさ〟判断の実例

これまでの説明は抽象的だったかもしれません。私が体験した村井の〝よさ〟判断の例を示しておきましょう。

私が大学院生の時のことです、ですからずいぶん昔です。村井のゼミの後かと思うのですが、一〇人くらいで酒を囲んでいました。しばらく時間が経って、学友の一人が、「川上は酒が強いな」と言いました。私はたぶん頭をかきながら、「いやー、そうでもないよ」というように応じました。その時、やりとりを聞いていた村井が、「酒が強いということはいいことなのか？」と問いかけたのです。たしかに学友も私も、酒が強いことはいいことだ、という前提で話していました。村井は、その決めつけのおかしさを指摘したのです。

次は、私が家庭訪問をして観察した母子のやりとりです。私が村井にその話をしたら、子どもの〝よさ〟判断の例として紹介されました（第5章に詳述）。一歳九カ月の女の子とその母親が対象です。母親は、そろそろおむつを取りたいと思っていました。母親は「チッチの本」と呼んでいた、おむつが取れた子についての絵本を、女児に持ってこさせようとしました。本棚に行った子は、別の本を持ってきました。おむつのことを言われたくなかったのでしょう。しかし、母親はまた「チッチの本」を要求しました。女児は、また別のものを持ってきました。……そしてついに「チッチの本」以外に持っていくものがなくなったのです。その時、女児は〝空気〟（この〝空気〟ですが、第Ⅱ部でも扱います。子どもの認知発達を考える時、とても重要だと思います）を両手でつかみ、持ってきました。母親もそれをきちんと受け取りました。一歳九カ月児が懸命に場面に立ち向かい、〝よさ〟判断をし、それを母親も受け入れたのです。〝よさ〟理論そのものだと思うのですが、いかがでしょうか。

3　本物の教育

村井[(5)]は、カリキュラムはどうあるべきか、指導法はどうあるべきか、などの処方箋的教育学は誤りだと言います。正しい教育学は、登山にたとえると地図に相当し、地図は登山者に取るべきルートを命令したりしません。登山者である学校の教師や親は、地図を参考にはしますが、自らの判断でルートを決め、岩場を登らなければならないのです。今日、書店の「教育」のコーナーに行くと、そこに並んでいるのは大部分が数年経つと意味がなくなるハウツー本ではないでしょうか。

また、教育の実践記録に対する村井の考えは以下のようになります。

「私自身、内外の学校訪問記などで、どこの学校で、どういう授業が、どう行われていた、どういうカリキュラムであった、という種類の報告がどれだけ克明になされていても、ただそれだけでは、なんの興味も持つことはできないのです。……それよりも、私は、そんな観察以上に、もっと大切なものへの視点がなければならないと思うのです。それがなければどんな観察もダメだし、それさえあれば、それだけでほとんど十分だとさえ思えるのです。それは、授業の行われるクラスの中ででも、学校ででも、町ででも、家庭ででも、子どもたちが大人たちによってどう見られどう取り扱われているかという、いわば教育文化ともいうべきものを見るということです。……教えられ学ばれる事柄や方法以上に、教えたり学んだりする人間の関係を見るのです。すべての子どもたちに生まれついて等しく備わっている、よく生きようとする心と頭の働きが、純粋に活動できうるように、子どもたちを取り巻くすべての関係が、人々によってどう活気づけられているかを見るのです[10]」

その村井がほんものの教育と考えているのが、**宮城まり子**の「ねむの木学園」での教育です。村井[11]によると、宮城は、子どもたちを自分が〝よい〟と思ったように作り上げようとは思っていません。どの子も、一人ひとり〝よく〟生きようとしている存在として接しています。そして村井は、「ねむの木学園」の教育を、純化としての教育と表現しています。

「宮城さんは、子どもたちがどうなければならないかということを、自分で急いで決めたりしない。ただ子どもを信じて、子どもの身になって、その生き方を助けながら、子ども自身から出てくるものを待っている。そうして待つということ自体、大変なことだと思うのだが、宮城さんにはそれができるのである」

宮城まり子

宮城は、一九二七年に東京で生まれ、一九五五年に歌手としてデビューしました。その後、女優としても活躍しますが、一九六八年に「ねむの木学園」を静岡県に設立しました。そのきっかけになったのは、菊田一夫のミュージカルで脳性マヒの後遺症を持つ少女の役を与えられ、演技の勉強のために施設に行ったことでした。宮城は、就学猶予という名目で、ハンディキャップを持った子どもたちが義務教育を受けられずにいること、親の離婚や虐待などで施設に留まらざるをえないような子どもたちがいること、を知ったのです[12]。

松丸修三[13]は、村井の教育理論と宮城の教育実践について、またその関連について考察しています。

4　教育のパラドックス

ここまでの説明で、村井の〝よさ〟理論がある程度、明らかになったと思います。しかし、それを理解し、実践するのは簡単なことではありません。なぜならば、

「教育はもともと一つのパラドックスである。人間は本来、よくあることを求めている。自分自身についてそうであるだけでなく、親は子どもについて彼がよくあることを求め、大人は若い世代がよくあることを求め、また共通に自分たちの生活と世界とがよくあることを求めている。しかしなお、人間の中の誰ひとりとして、そのよくあることが何であるかを確然ということはできない」[14]

村井によれば、生そのものが人間にとってのパラドックスなのです。そして、生のパラドックスは生きることへの妨げになるより、生きることへの機動力になると言います（私は、この文章を生に悩む人たちに捧げたいと思います）。それと同様に、教育のパラドックスも教育の妨げにはならず、むしろ人々を自己の探究と若い世代への働きかけに駆り立てる、と考えているのです。

まとめ

村井は、子どもも大人も〝よく〟生きようとしている、といいます。大人は少しだけ経験を積ん

だものとして、子どもを援助する存在です。その〝よさ〟は何なのか、誰も決めることはできません。大切なのは、その人間観を持ち続けることです。

第Ⅱ部で、私の保育園での観察についてお話しますが、私は村井の〝よさ〟理論に基づいて観察をしているつもりです。何歳だとこのような行動をするはずだ、子どもというのはこういうものだ、という見方をしていないからです。すると子どもたちのすることに、新たな発見があります。その子ども観の意味については、第Ⅱ部で検証しましょう。

第II部　よりそって見る子どもの心

保育園で初めて会った子どもたちから、
よく「どこから来たの?」とか「お家どこ?」
とか聞かれます。子どもたちは本当に「どこ」と
知りたいのでしょうか。

また絵本を読んであげていると「もいっかい」と
いわれます。子どもたちは本当に「もいっかい」
その絵本を読んでもらいたいのでしょうか。

子どもたちは、なぜそのようなことをいうのでしょうか。
私の考えは決まっています。
子どもたちは、人好きで関係を少しでも
つなげたいだけなのです、きっと。

第4章　対人行動の発達
——保育園での観察研究から

本章では、私が実際に保育園で行った直接観察から見えてきた、子どもたちの対人行動の発達についてお話ししたいと思います。保育園では、該当年度の四月一日時点の年齢でクラス分けされますので、第II部では、〇歳児とは、年度中に一歳の誕生日を迎える子どもたち、一歳児とは、同じく年度中に二歳の誕生日を迎える子どもたちのことをさしますので、ご留意ください。注目してほしいのは、〇歳児と一歳児の違いです。第1章で見た自己の発達の時期との関連を考えてみたいと思います。また、第2章でふれた丹羽や、第3章でふれた村井から学んだことを、観察に活かしたつもりです。

1　子どもたちから観察者への行動（研究1）[1]——「教える」ことの起源

保育園に通うようになってまず心に残ったのは、子どもたちが、毎週やってくる私を歓迎してくれることでした。もちろん私を見て顔をゆがめ泣き出す子どももいました。**人見知り**です。そこで子どもたちが、私にしてくる行動を記録したらどうだろうか、と考えました。それが研究1です。

人見知り

人見知りは、最近あまり取り上げられませんが、以前はよく研究されました。丹羽[2]は、スピッツの八カ月不安やボウルビィの予測的不安などを紹介しつつ、自身のデータを呈示しています。ルイスは、七カ月〜一歳七カ月児を対象にして実験的な研究を行いました[3]。母親などの他者か、鏡にうつった自分自身がだんだん近づいた時、乳児たちがどう反応するか調べたのです。図が示すように、母親と自分に対しては近づくほど喜んだのですが、知らない大人は嫌がりました。例外は見知らぬ四歳女児で、母親と自分ほどではないにしても近づくのを歓迎したのです。決め手は〝自分に近い（第1章で述べたlike me）〟ということだと考えられています。

保育園に通うと、〇歳児に泣かれることがあります。何年も同じ保育園に通っている私の経験では、人見知りの強い子は、成長すると逆に私に好意的です。人に対する感覚が鋭いのではないか、というのが私の仮説です。

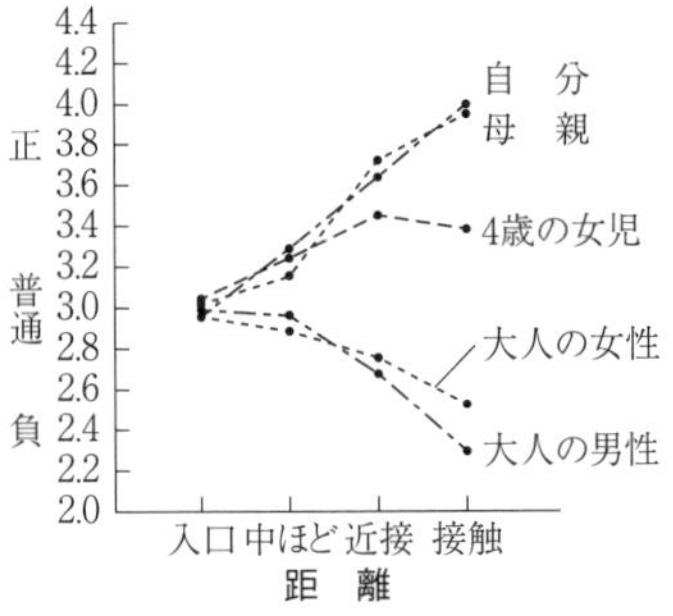

図　人見知り実験[3]

保育園で一年間、自由遊び場面における子どもたちの私への行動を記録しました。観察開始時に生後七～二四カ月だった一七人の子どもたち（平均一五カ月、一二人が女の子、五人が男の子でした）を、七週間ずつ三期、観察しました。分析したのは毎回最初の一時間でしたので、二一時間ということになります。子どもたちの行動は、時間とともに増加しました。子どもたちが、私に「教える」ということも記録されました。子どもたちが早い時期から、だれかに「教える」ということを、このように記録した研究はこれまでなかったでしょう。

記録の仕方

子どもたちの行動を記録する方法で一番使われるのは、ビデオ録画です。私も研究で使ってきました。前に集中して行った乳児の微笑研究[4]は、ビデオなしでは不可能でした。私たちの微笑の定義は、唇の端が上がって鼻のわきにしわができる状態が一秒以上続く、というものです。ビデオを三〇分の一秒ずつ動かして変化を見ていきます。この方法でいくつか貴重な発見をしました。

保育園で子どもたちの対人行動を記録するのにもビデオは使われます。ただ、今回私が研究したいような子どもたちのダイナミックな行動をビデオで記録するのは、非常に困難です。カメラを固定しておくと貴重な場面を撮りそこなう、カメラを移動させると子どもたちの行動を制限する、などの問題があるからです（しかし小型カメラが開発されていますので、将来的には相当使えるようになるかもしれません）。

そこで、私はＩＣレコーダを使うことにしました。私が、子どもたちの私に対する行動を口述録音していくという方法です。ＩＣレコーダは小型化され、しかもほとんどの音を確実に記録します。欠点は、私がその時に認知したことしか記録されないこと、音以外は再生しても記録を確認できないことです。しかし、研究1、2、3と重ねてみて、結果を比較してみるととても安定していて、この方法は使えるのではないかと思います。

具体的にしたことを説明します。私は毎週一回保育園に行きました。そして午前九時くらいから一時半くらいまで、子どもたちの自由遊びの中に混ぜてもらいました。私はなるべく自分からは行動せず、子どもたちが私に向けてくる行動をＩＣレコーダに口述記録しました。

観察は七週間続け、約七週間をあけ、また七週間、というようにして三回行いました。それらを、1期・2期・3期と呼ぶことにします。全部で二一週間観察したことになります。前に述べたように、本当は毎回二時間以上観察したのですが、それを全部分析すると膨大な時間がかかりますので、最初の一時間だけを分析対象にしました。合計二一時間分ということになります（記憶が鮮明なうちにと、観察した日の午後にレコーダを分析しましたが、一時間分でも三〜四時間かかります。大変な作業ですが、レコーダを再生していて、時に爆笑してしまうことがありました。子どもたちの持つ力ですね）。

データの信頼性(5)については、ＩＣレコーダでは「発声」と「有意味語の発声」しか検討できませんが、発達心理学の研究者に一回分の観察記録を聞いてもらったところ、私の結果と一〇〇％一致していました。

わかったこと

保育園の〇〜二歳児の私（観察者）に対する行動はどうだったでしょうか。細かいことは後で説明しますが、まず表4-1と図4-1を見て下さい。図4-1は、横軸に行動の種類（表4-1を参照）を、縦軸に回数を取って結果を示したものです。1期より2期、2期より3期と子どもたちの行動が確実に増えています。この研究で取り入れた方法が安定したものであったことがわかります。

1期では、「**ものを渡す**」（図4-2）が一番多い行動でした。2期と3期では、「有意味語の発声」がそれに代わっています。この時期の子どもたちの発達の中心は〝ことば〟のようです。「ものを渡す」が最初、一番多い行動だったことが印象的です。第5章でも取り上げる「ものを渡す」行動は、他者と関係を作る上で重要な意味を持つのですが、そのきざしがここにあります。ローレンツの弟子で、ヒトの行動を見続けた**イレネウス・アイブル＝アイベスフェルト**は、彼の家に初めて遊びに来た三歳の女の子が、彼にクッキーを繰り返し渡して、彼が受け取るとうれしそうにし、その後打ち解けた、と述べています[(6)]。

表 4-1　研究 1 の観察項目 [1]

項　目	定　義
見せる	観察者にものを見せる
指さし	観察者に指さして示す
発　声	観察者に声を出す
有意味語の発声	観察者がわかることを言う
教える	観察者に教える
ものを渡す	観察者にものを渡す
さわる	観察者にさわる
ハイタッチする	観察者と手をたたき合わせる
寄りかかる	観察者に寄りかかる
ひざに座る	観察者のひざに座る

注：「発声」や「有意味語の発声」は他の項目と重なることがあります.
「教える」は「有意味語の発声」を伴いますが，後者はカウントしないことにします.
また，ある子が同じ行動を繰り返すことがありますが，1 回の観察では 1 回しかカウントしません.

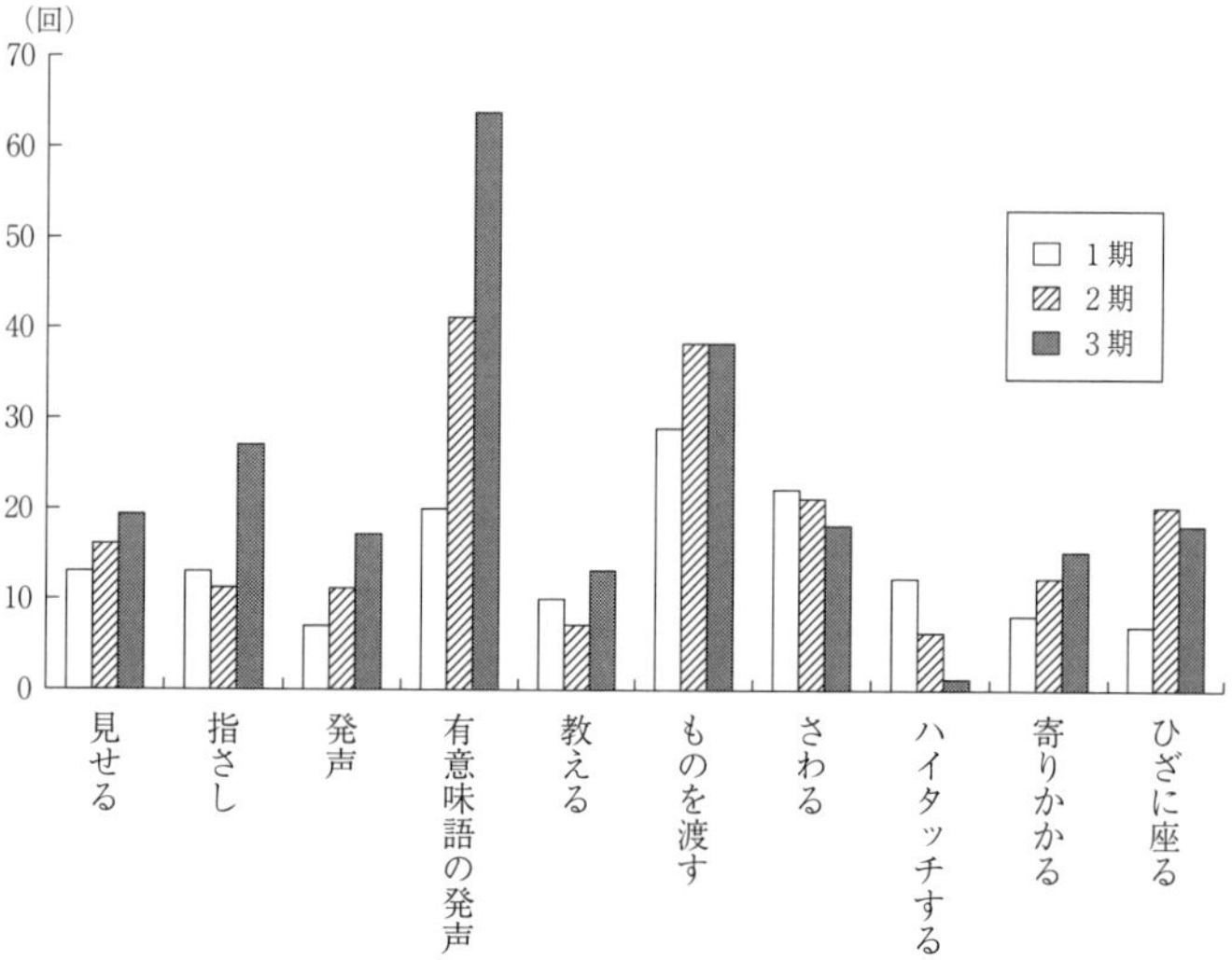

図 4-1　研究 1 における行動発達 [1]

図4-2　別の実験で私に「ものを渡す」1歳児

ものを渡す

「ものを渡す」については、後で詳しく考えますが、松沢哲郎が京都大学霊長類研究所で、有名なチンパンジー、アイに初めて出会った時の印象的な記述があります。アイは松沢をじっと見つめ、松沢とものをやりとりをしたことが、松沢を魅了し、チンパンジーの研究をすることを決意させた、というのです(7)。アイがもののやりとりをしなかったら、日本のチンパンジー研究はどうなっていたのでしょうか。

イレネウス・アイブル＝アイベスフェルト

アイブル＝アイベスフェルトは、ローレンツらが開拓した行動学の対象をヒトに広げました。主著は英語に翻訳されています(6)。彼は、一六ミリカメラを改良して、レンズを向けたほうではなく、九〇度の位置にあるものを撮影できるようにしました。ヒトはカメラを向けると身構えるからです。彼が発見した行動に「まゆ上げ」があります（図）。「まゆ上げ」には、微笑を

図　まゆ上げ[6]

伴うことが多いのですが、微笑の定義や評定法などについては、『ヒトはなぜほほえむのか』[4]をご参照下さい。

ヒトは、友好な関係にある他者に会うと「まゆ上げ」をします。アイブル＝アイベスフェルトは、日本で講演した時に、日本人はあまり「まゆ上げ」をしないが、赤ちゃんに対する時はよく出てくると言いました。後日、私が赤ちゃんと対面している場面のビデオを見たら、たしかにしていました。今ではスマートフォンで気軽に動画がとれますが、四〇年くらい前は、ビデオ自体がめずらしかったのです。

表4-2 「教える」行動の種類と回数（研究1）[1]

種　類	回　数
説明する	19
宣言する	6
指示する	1
遊ぶ	2
利他的	2

この研究でわかった一番重要なことは、図4－1ではあまり数は多くないですが、「教える」行動の発達です。表4－2のような行動が記録されました。第5章で詳しく考えますが、なぜ重要と言えるのでしょうか。そもそも「教える」とはどういう行動か、ティム・カロたちの考えを聞いてみましょう。カロたちによれば、AがBに教えたと言えるためには、次の三点のようでなければなりません[8]。

①　AがBの目の前で行動を修正する。

②　Aはそのために何かを使う、またはすぐに利益は得られない。
③　Bは、Aのおかげで、知識や技術をより早く効率的に獲得する。

これらの基準に基づいて、ヒト以外にも「教える」ことがあるか議論がなされてきました[9][10]。しかし、ヒトはいつから「教える」かについては、きちんとしたデータがありません。私の研究で記録された表４－２は、意味があるはずです。子どもたちは、カロたちの基準をはるかに超えることをしています。

「ものを渡す」の中に一歳四カ月と二歳五カ月の女児が、〝空気〟をくれたというのが含まれています。これは第3章の「チッチの本」を思い起こさせますが、この章では、一人ひとりの子どもたちのことにはふれず、それらは第5章で考えたいと思います。子どもたち全体として述べると、私にたくさんの行動を向けてくる子も、あまり行動を向けてこない子もいました。それが月齢によるのか調べてみましたが、関連はありませんでした（月齢と行動数の順位相関係数を調べてみましたが、有意ではありませんでした[11]）。

私に行動をたくさん向ける子は、一貫して多いのでしょうか。1期と2期、2期と3期で、行動の多い順に子どもたちを並べ、調べてみました。1期で行動が多い子は2期でも多く、2期と3期でも同様でした[12]。

考えられること

一歳の誕生日を迎える頃、子どもたちは他者と共通の地盤に立ってコミュニケーションできるようになります[13]。この研究1では、直接観察でその発達を記録しました。最初は見知らぬ他者であった私にも、「ものを渡」してコミュニケーションを図ろうとし、慣れてくると、また自身の発達に伴って〝ことば〟によってやりとりしようとしたことがわかります。子どもたちは、確実に時間とともに成長していました。それは、この研究が取った観察法が妥当であったことを示してもいるでしょう。

この研究が対象にした〇～二歳児は、大人（私）に対して複雑な行動を向けていることも明らかになりました。空気をくれたり、教えたりしていたのです。

2　子ども同士のやりとり（研究2）[14]——利他的行動の芽生え

研究1では、子どもたちの私への行動を記録しましたが、研究2では、一年間、自由遊び場面における子ども同士のやりとりを観察しました。〇歳児八人（女児、男児とも四人ずつ、観察開始時平均九カ月）と一歳児一三人（女児六人、男児七人、観察開始時平均二一カ月）が対象になりました。一歳児の行動が一年間で大きく増加することがわかりました。「教える」「世話する」「利他的行動」につ

表4-3　研究2の観察項目[14]

項　目	定　義
指さし	友だちに指さして示す
有意味語の発声	友だちに何か言う
教える	友だちに教える
ものを渡す	友だちにものを渡す
さわる	友だちをさわる
笑う	友だちを（と）笑う
けんかする	友だちとけんかする
協力する	友だちと協力して何かする
世話する	友だちの世話をする，利他的行動をする

注：研究1では「発声」と「有意味語の発声」がありましたが，友だちには「発声」はほとんど見られませんでした．「有意味語の発声」は他の項目と重なることがあること，「教える」には「有意味語の発声」を伴うが後者はカウントしないこと，は研究1と同じです．

いて、詳しく分析します。

記録の仕方

研究1と同じように、私は毎週一回保育園に通いました。研究1と異なり、決めた子がいないと観察できませんので、八〜九週くらい続けて、それを夏・秋・冬の三期に分けました。それぞれ1期、2期、3期と呼ぶことにします。私は午前九時から一一時半まで自由遊び場面に参加し、決めた子を一五分ずつ追いかけることにしました[15]。各期に二回ずつ観察し、三期ですから、一人を一時間半観察したことになります。〇歳児は四〜五人の保育者と一つの部屋で遊んでおり、一歳児は別の部屋で三〜四人の保育者と遊んでいました。ですから、厳密に言うと〇歳児のデータと一歳児のデータを比べることはできません。

研究2の観察項目（表4-3）は、子ども同士のやり

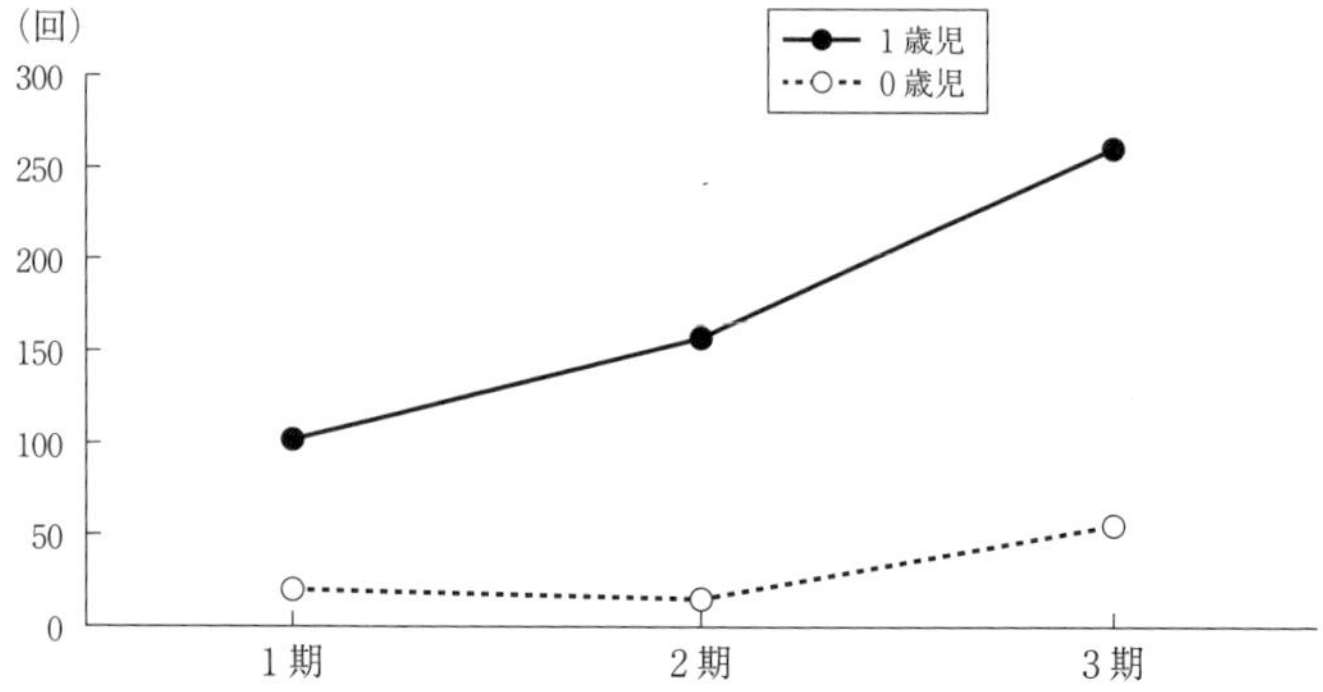

図4-3　0、1歳児における行動の変化（全項目合計）(14)

とりなので、研究1とは多少違います。観察場面と同様の場面をビデオに撮り、一人の発達心理学者との観察一致率を調べてみると、九五・六五％でした。

わかったこと

図4－3を見てみましょう。縦軸に観察回数、横軸に観察時期をとり、〇歳児（破線）と一歳児（直線）に分けて、三期の全項目の行動を合計した結果を示しています。一歳児は時間とともに回数が増えていますが、〇歳児は顕著ではありません。ただし、3期に増加傾向は見られます。

全体としては図4－3の傾向ですが、個々の行動で見ると、同じような増加傾向があったのは、「指さし」「有意味語の発声」「教える」「笑う」「協力する」「世話する」でした。図4－4は「有意味語の発声」の結果を示しています。図4－3と図4－4を比較すると、「有意味語の発声」が全体に占める割合が大きく、研究1の結果と同じように、乳幼児期の発達の基盤は〝ことば〟の発達だということがわかります。

図4-5は「けんかする」ですが、これは減少しています。「けんかする」が減るのは〝ことば〟の発達によるものでしょう。「魔の二歳児」「イヤイヤ期」などと言われ、英語にも〝terrible twos〟（どうしようもない二歳）ということばがありますが、本当でしょうか。カナダでなされた、千人もの子どもたちを二歳から一一歳まで追った研究で、けんかが年齢とともに減っていくというデータが出ています[16]。ただ、その研究はインタビューによるもので、直接観察しているわけではありませんし、一歳も対象にしていません。さらなるデータが必要です。

残りの二項目、「さわる」「ものを渡す」の傾向は何とも言えません。図4-6は「さわる」の結果を示しています。

「教える」は、合計一三回観察されました。一番早いのは二歳二カ月の女児の記録で、〇歳児には観察されませんでした。

「世話する」は、合計一一回観察されました。内容は第5章に譲るとして、一番早いのは一歳一一カ月の女児の記録でした。「利他的行動」は、「他者の目標を知って、他者のためにする行動」としました。一番早いのは二歳〇カ月の女児の記録でした。「世話する」も一歳児のみに観察されました。

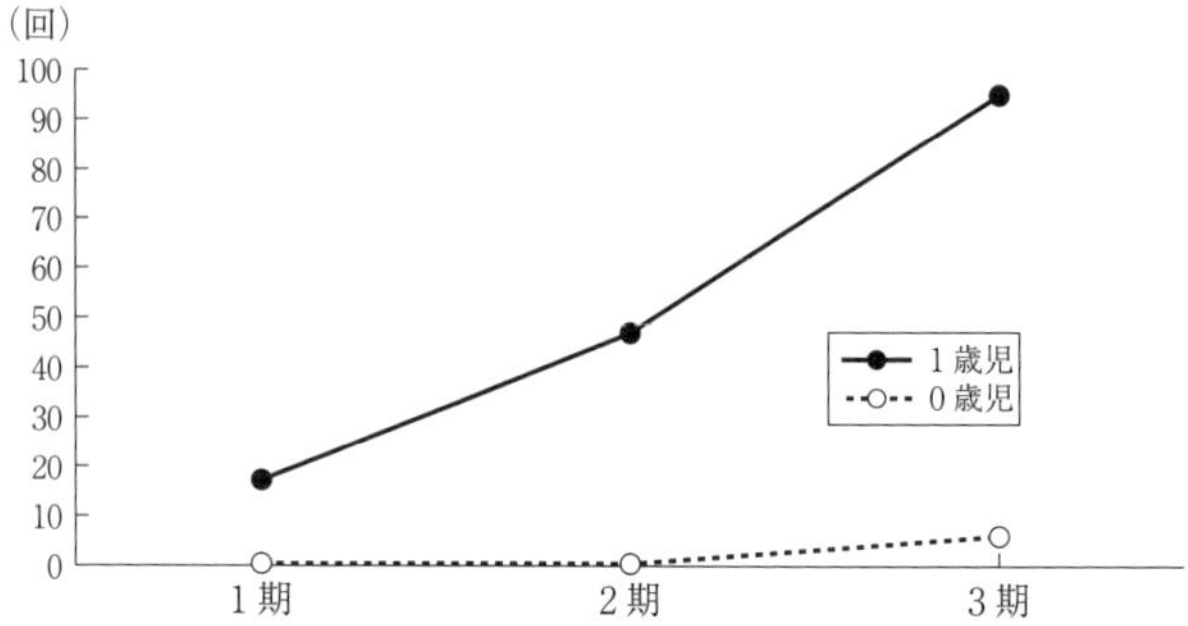

図 4-4 「有意味語の発声」の変化 (14)

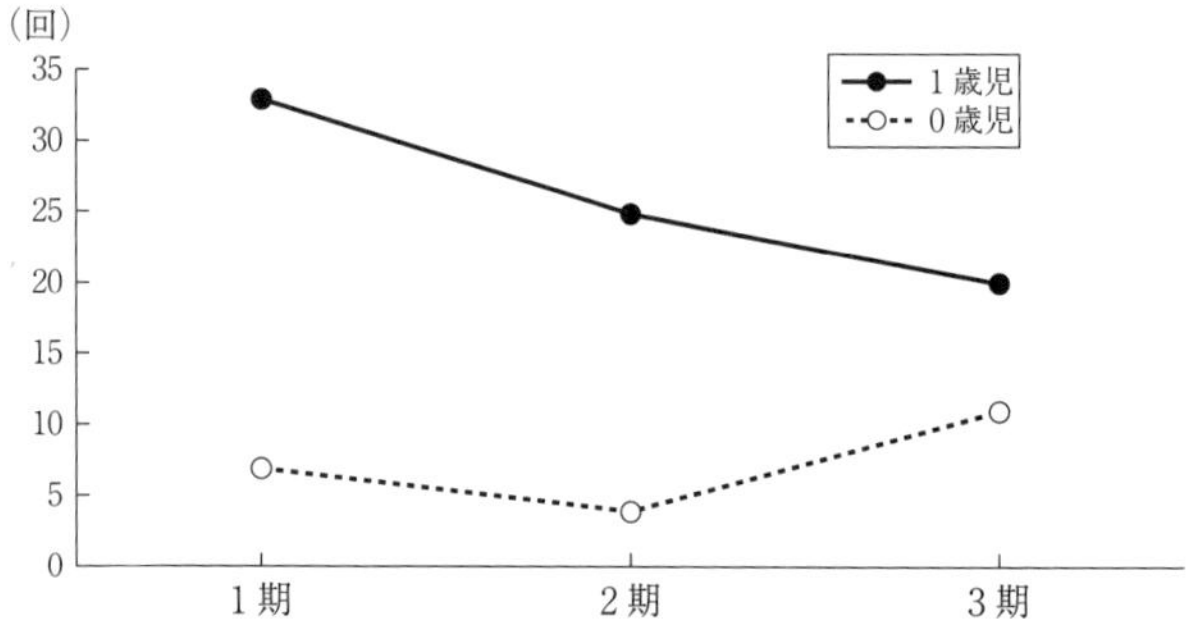

図 4-5 「けんかする」の変化 (14)

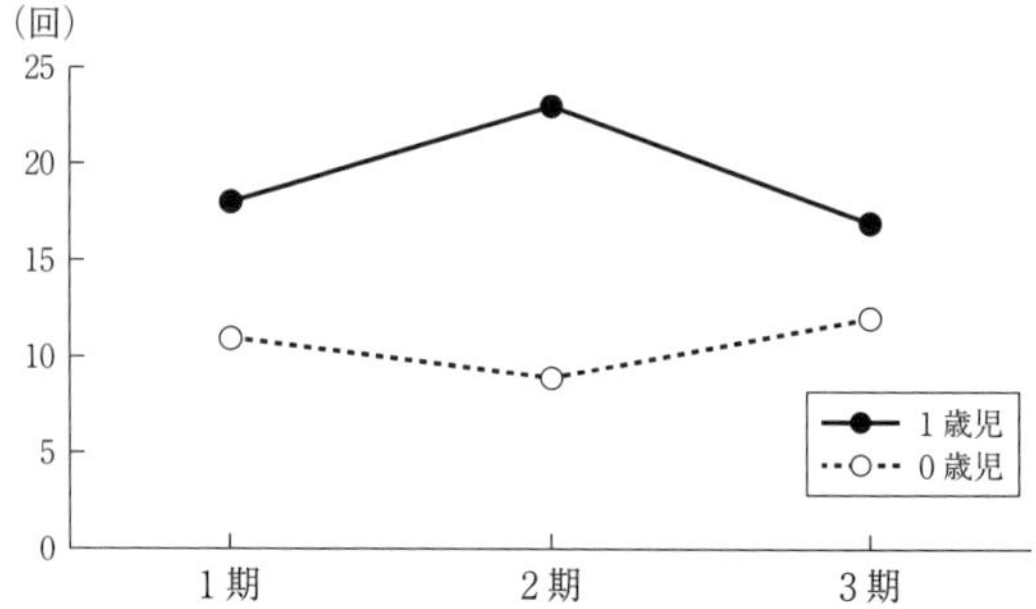

図 4-6 「さわる」の変化 (14)

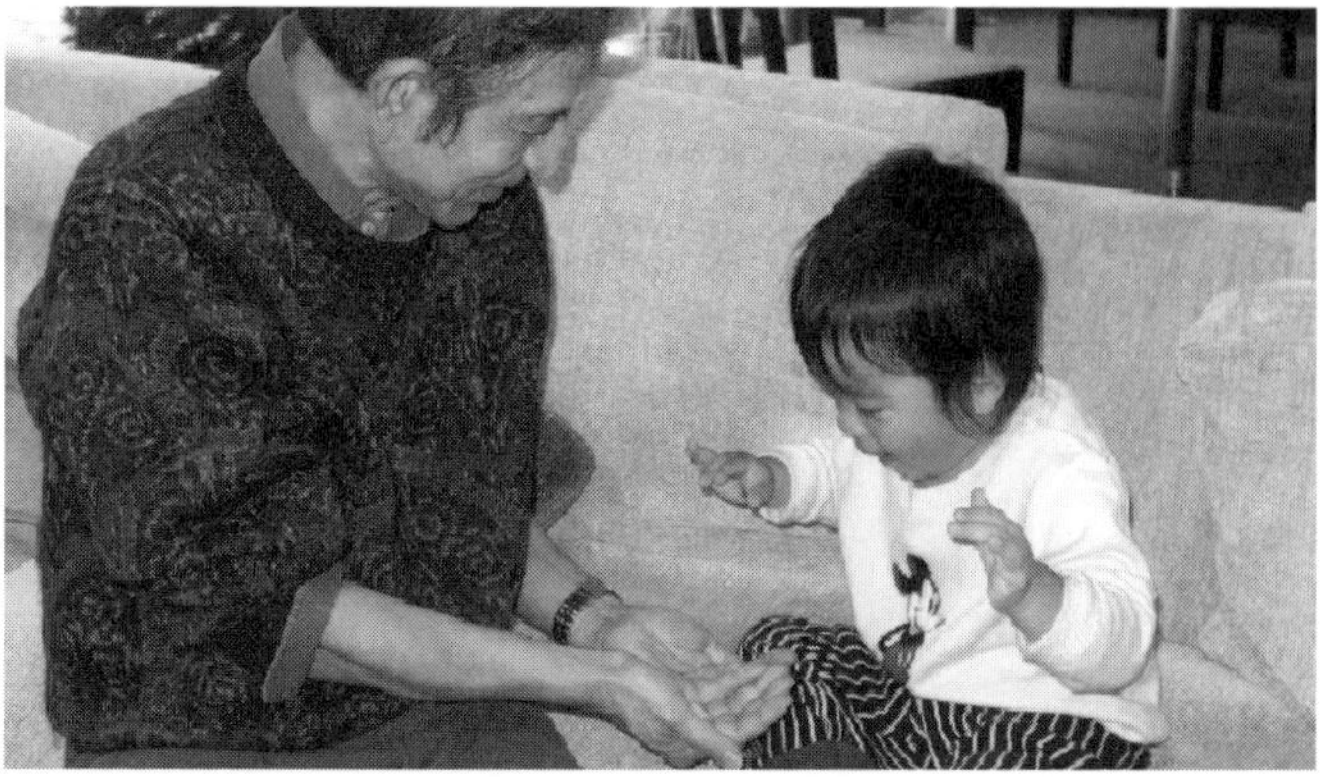

図 4-7　手のひらに何もないのに（研究以外の場面で）

観察項目にはなかったのですが、興味深い行動がありました。二歳〇カ月の男児が、友だちから何か取るふりをしましたが、具体的なものは何もありませんでした。〝空気〟で遊んでいるのです（図４－７）。

考えられること

第１章で、ルイスたちの『乳児の保育者にもたらす影響』[17]という本のことにふれましたが、四〇年以上時間が経っても、子どもたちのことはまだまだわかっていないと思います。子どもたちは「世話される人」と考えられていますが、「世話する人」でもあるのです。そのデータを示しました。

子どもたちの**向社会的行動**についての研究は山ほどなされています。それらのほとんどは、実験的になされています[18]。実験的研究では、例えば「利他的行動」は実験する前から決められています。それはそれでいいのですが、日常生活で子どもたちは、様々な思いもかけぬ行動を見せます。研究2ではそのような宝物をみすみす捨ててしまわず、拾い上げました。これは、村井的な子ども観（第3章参照）のなせる技でしょう。「利他的行動」の進化について、例えばチンパンジーは自発的に助けることをしない点がヒトと異なると考えられています[19][20]が、この問題は第5章までの宿題としましょう。

向社会的行動

向社会的行動とは、相手のためになり、相手からのお礼などを目的とせずに、自発的にされる行動です。[21]利他的行動については、第5章で考察します。

ルイスはかつて、子ども同士のやりとりを観察で研究していますが[22]、観察項目は次のようなものでした。さわる、近づく、見る、ほほえむ、おもちゃを渡す、おもちゃを取る、たたく、おもちゃを共同で使う、など。私の観察項目と重なる点があります。私の研究で観察項目が増えた部分は、協力する、世話をするなどです。ルイスが研究した時代に考えられていたよりも早い時期から、子どもたちが他者を理解してかかわり合うことがわかってきました。さらに、子どもたちによりそってみると見えてくるものがあると言えるでしょう。

3　子どもたちから保育者への行動（研究3）[23]――保育者はパートナー

研究1で、子どもたちの私への行動を記録し、研究2では子どもたち同士のやりとりを観察しました。研究3では、一年間、自由遊び場面で子どもたちにとって重要な他者である保育者への行動を見ることにしました。やり方は、研究1・2とほとんど同じです。保育者は、全員女性で九人、うち〇歳児担当が五人（平均年齢四三歳）で、一歳児担当が四人（平均年齢四三歳、最初は五人でしたが一人途中退職）でした。子どもたちの保育者への行動は、時期を追うごとに増加しました。どの時期でも、〇歳児より一歳児の行動が多く、ほとんどの場合、男児より女児のほうが多い、という結果でした。子どもたちは保育者を遊びに誘ったり、手伝ったりしていました。

記録の仕方

観察項目は、表4-4に示したように、研究1より三項目減ります。「教える」と「ハイタッチする」を含まず、研究2同様、「発声」も含まれていません。

観察方法も研究1・2とほぼ同じですが、今度は保育者を追跡しました。保育者も不在のことがありますので、七～一〇週を三回（三期）、観察しました。一期につき、一人の保育者を一五分[24]ずつ

表4-4　研究3の観察項目[23]

項　目	定　義
見せる	保育者にものを見せる
指さし	保育者に指さして示す
有意味語の発声	保育者に何か言う
ものを渡す	保育者にものを渡す
さわる	保育者をさわる
寄りかかる	保育者に寄りかかる
ひざに座る	保育者のひざに座る

四回、つまり三期で三時間観察したことになります。〇歳児（男児五人、女児四人、観察開始時平均九カ月）と一歳児（男児一一人、女児一二人、観察開始時平均二〇カ月）の保育者への行動を記録しました。〇歳児たちは四～五人の保育者と一つの部屋で、一歳児たちは三～四人の保育者と別の部屋で遊んでいました。ですから、厳密には〇歳児と一歳児をくらべることはできません。

三〇分、観察場面とほとんど同じ場面をビデオに撮り、他の発達研究者と結果をくらべてみました。観察項目が出てきたのは二〇回だけですが、結果は一〇〇％一致していました。

わかったこと

図4-8は、全項目の行動を合計した結果を、縦軸に回数、横軸に観察時期を取り、〇歳児と一歳児に分けて示したものです。また、図中に女児と男児の別も示しました。行動の回数は、〇歳児も一歳児も時期を追って増加していること、〇歳児より一歳児のほうが多いこと、3期の〇歳児を除いて女児のほうが多いことがわかります。時期を追

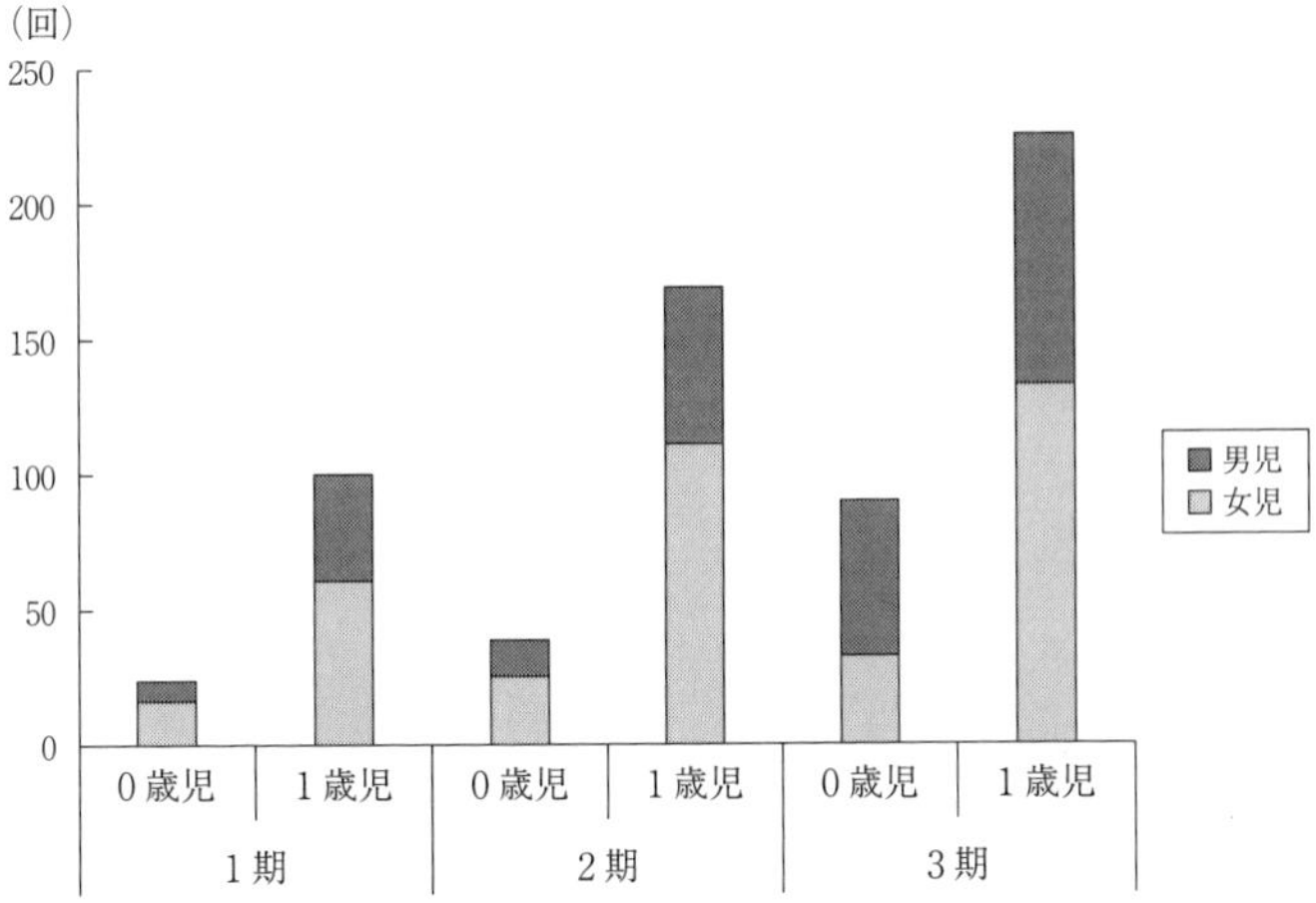

図4-8　全項目の発達的変化(23)

うごとに行動が増加したことなどの一貫性は、この研究で採用した方法の信頼性が高いことを示しています。また、それは研究1・2とも同様であるわけです。また、〇歳児より一歳児の行動が多かったことも、研究2の結果と重なります。

図4-9は、「ものを渡す」と「有意味語の発声」だけの結果を〇歳児と一歳児を込みにして、縦軸に回数、横軸に時期を取り示したものです。ここには示していない他の観察項目を含めても、1期で一番多い行動が「ものを渡す」で、二番目が「有意味語の発声」、2期と3期は一位と二位が逆転しました。この結果は、子どもたちの私への行動を記録した研究1とほとんど同じでした。

観察項目には含まれていなかったのですが、子どもが保育者を「遊びに誘う」行動が見られました。例えば〝いないいないばあ〟や〝ふり遊び〟

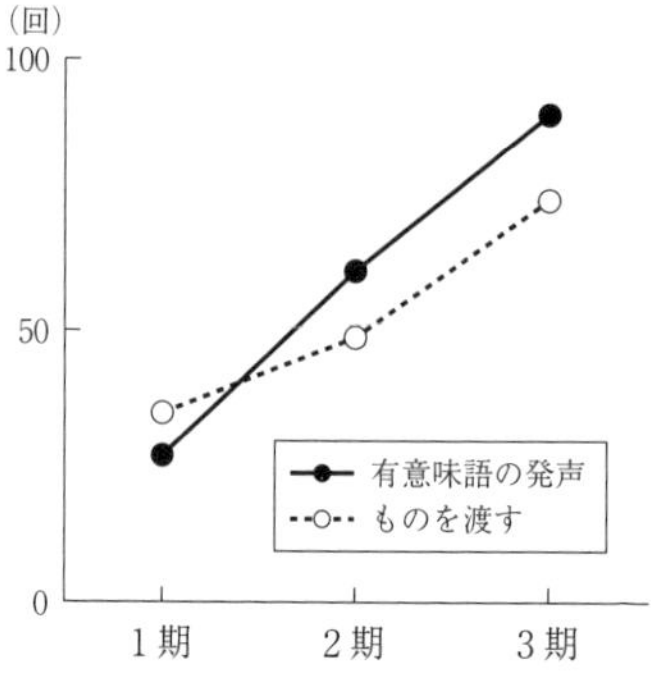

図 4-9 「ものを渡す」と「有意味語の発声」の変化 (23)

をしよう、と誘うことです。また保育者の手を取り何かをさせる**「手取り行動」**も見られました。「遊びに誘う」は三〇回、「手取り行動」は一二回見られました。「遊びに誘う」の〝ふり遊び〟には九回、〝空気〟を渡す行動がありました。四回だけですが、子どもたちが保育者がおもちゃをふくのを、〝手伝う〟ということもありました。

手取り行動

手取り行動は「クレーン行動」と呼ばれることもあり、自閉的な子に多いと言われています。(25) しかし私たちは、定型発達の子にもよく見られることを示しました。(26)

考えられること

研究3の結果は、研究1・2でも取ってきた研究方法が信頼できることを示したと思います。以下のように、ほとんどの傾向が一貫して変わらなかったからです。まず、単純に時間とともに子どもたちの行動が増えること、それは研究期間内（1期から3期）でも言えることでもあり、年齢間（〇歳児と一歳児）でも言えることです。また、子どもたちは観察した時期が違っても「ものを渡す」行動や「有意味語の発声」が多く、特に後者が重要であることがわかりました。

子どもたちと保育者の関係についての研究を調べてみると、かつては直接観察が用いられていた[27]のですが、最近は評定尺度などを使うものが多いようです[28][29][30][31][32][33]。観察は時間と労力がかかりますが、教師による評定などは割合簡単にできるためです。しかし、実験研究と同様に、評定研究は最初から見るものが決まっているので、予想外の行動などが出てくる可能性はほとんどないでしょう。

研究3では、男女数が似ていたことから、性差を考えてみました。女児に対人行動が多いのは、従来言われてきた通りです。自閉的な子どもの研究で著名な**サイモン・バロン＝コーエン**も「女性は心理学的、男性は物理学的[34]」と言っています。

サイモン・バロン＝コーエン

バロン＝コーエンは、自閉的な子どもたちの研究で有名です。バロン＝コーエンは自閉的な子どもたちが〝心の理論〟を持ちにくいのではないかと考えました[35]。バロン＝コーエンの著書の数冊は翻訳されており、読みやすいです。バロン＝コーエンは、胎内でテストステロンという男性ホルモンを多く浴びることが自閉的な子になる要因ではないか、という仮説も提唱しています[36]。

研究3の結果で特徴的だったのは、子どもたちが保育者を〝遊びに誘ったり〟〝手を取ったり〟〝手伝ったり〟したことだと思います。アタッチメントの視点から、子どもにとっての保育者の研究を分析した論文[37]のように、保育者の、母親とは異なる役割を研究することも必要でしょう。

第5章　子どもたちは人が好き
――個別のエピソードから

前章では、保育園での三つの研究をまとめました。そのもとになるのは、一人ひとりの子どもや保育者の行動です。論文の中に、それらはほとんど含めませんでした。これから、個々の子どもたちを取り上げたいと思います。個人を大切にすることは、第1章のルイスの理論でも、第2章の丹羽の援助でも基本でした。

1　Aちゃんのこと

一人の女の子を取り上げてみます。Aちゃんは主に研究1の対象児の一人でしたが、研究2や3をしている時もICレコーダに記録が残っています。たくさんの記録を残してくれましたが、主なものを取り上げます。

（二歳〇カ月）　私に「〇〇ちゃん」と友だちの名前を教えてくれる。

Aちゃんは、私が友だちの名前を知らないはずと考えているのでしょうか。他者に心の働きがあるのを理解することを〝心の理論〟（第1章コラム参照）を持つ、というわけです。一般に子どもたちは四歳くらいから、心の理論を持つと言われていますが、Aちゃんはまだ二歳です。

（二歳一カ月）保育者に、「（泣いている）○○ちゃんにニコニコ顔見せて」と言われてニコニコ。さらに別の友だちの手を取りニコニコ顔をさせようとする。

自分で表情のコントロールができています。さらに、友だちの「手取り行動」までしています。〝手取り〟は、人をものとして扱う〝クレーン〟ではなく、この場合は「教える」行動です。

（二歳三カ月）友だちが別の子におもちゃを取られる。Aちゃん「これあげる」。友だち「ありがと」と返し、Aちゃん「どいたしまして」

（二歳三カ月）友だちが別の子が持っている望遠鏡をほしがる。Aちゃん「つくってあげる」

利他的行動でしょう。二例目はおせっかいという面もあるでしょうが、人間の心理の微妙なところですね。

（二歳四カ月）友だちに本をあげる。私に「○○ちゃん、（この本）好きなの」

友だちが好きな本を知っていて、それを私に伝え、本を読んでやってというのです。友だちが好きな本を知っているということは、「心の理論」を持っているのではないでしょうか。

（二歳四カ月）一歳三カ月の子が私に電話を見せました。私が「電話」と言うと、Aちゃんが「もしもし」

電話ということばは、小さい子にはむずかしいからと言い直したとすれば（私にはそう感じられました）、驚きです（モーガンの公準というものがあります。「ある行動がより低次の心的能力の行使の結果であると解釈できる場合は、その行動より高次の心的能力の行使の結果であると解釈するべきではない[1]」というものです。Aちゃんは、自分で「電話」と言えないので、「もしもし」と言った可能性もあります）。

（二歳五カ月）　私に〝空気〟をくれる。

後でまたふれますが、発達心理学の教科書では、乳児はまだ表象（第1章コラム「ピアジェの発達段階説」参照）を持たず、乳児期が終わると表象でものを考えると書いてあります。では空気をくれるというのはどういうことなのでしょうか。ピアジェに聞いてみたいものです。

（二歳七カ月）　友だちが鼻水を出している。「かみ先生（私のこと）、鼻」

私に鼻水をふいてやって、というのです。これは、友だちが要求しているわけではないのでおせっかい的な「教える」です。保育園では、特に冬、鼻水を出している子がたくさんいます。私もよく気がつくとふいてあげるのですが、一人の保育者がふく前に「○○ちゃん、鼻ふくよ」と声をかけてからふいているのを見ました。伺うと「いきなり顔にふれられるのは、抵抗が大きいと思うので」ということでした。それから私もまねをしています。

（三歳四カ月）　いつも一緒にいる友だちがいないので、私が「○○ちゃん元気？」と聞くと、「元気でもいないことがあるということ」との返事。

たしかに、病気でなくとも用があって保育園に来ないことがありますね。一本取られました。

（三歳四カ月）　私の背後から「だれでしょう」

自分が記憶されているはず、という自信があったようです。

（三歳六カ月）　私が〇歳児か一歳児の部屋にしかいないので、「なんでいつも小さい子のところにいるの？」

私は「小さい子がかわいいから」と答えたら、不満そうでした。それをある保育者に伝えたら、「自分たち（同学年の女の子数人）が一番かわいいと思っている彼女たちにしてみれば、不満でしょう」とのこと。女心がわからない、私でした。

（四歳六カ月）　小さい子の部屋にいる私に、「お邪魔してるの？」

たしかに保育園の保育者や子どもたちからすると、私は邪魔でしょう。まさか、私が退室する時、「お邪魔しました」と言うのを何度も聞いていたため、ではないと思います。

さあ、ここまでAちゃんのエピソードを述べてきました。Aちゃんだけが保育園のスターではないのです。以下の個々のエピソードは、観察の中で記録されたものです。前に述べたAちゃんのものもそうですが、三歳以降のものは偶然記録に残ったものです。ですから、研究1～3のデータに含まれていないものもあり、研究1～3のデータをすべて述べるわけでもありません。あくまでも事例ということになります。また女の子は「ちゃん」、男の子は「くん」とします。

２　見せる

ここからは、観察項目別に、子どもたちの記録を紹介します。まずは「見せる」です。福崎淳子[2]は、幼稚園児を観察し、「みてて」行動を徹底的に研究しました。図５－１は、「みてて」が発現した時の状況を示しています（**三項関係**といいます）。「みてて」が対人関係の発達に深く関わることが明らかです。

三項関係

三項関係は「共同注意」などとも呼ばれ、今や発達心理学のキーワードの一つですが、私が初めてこの術語を知ったのは、岡本夏木の話を聞いた時でした。岡本に質問したら、論文を送ると言ってくれました。署名つきのその論文[3]は私の〝お宝〟の一つです。岡本は以下のように述べています。

「言語行動の基本的シェマとしては……自己（話し手）と他者（話し相手）とモノ（話しのテーマ）との三者の共存下にいとなまれる言語活動が考えられる」

つまり、図５－１の場合、自己（発話児）がいて他者（発話相手）がいて、モノ（対象）を共に見ている、という状況を意味しています。

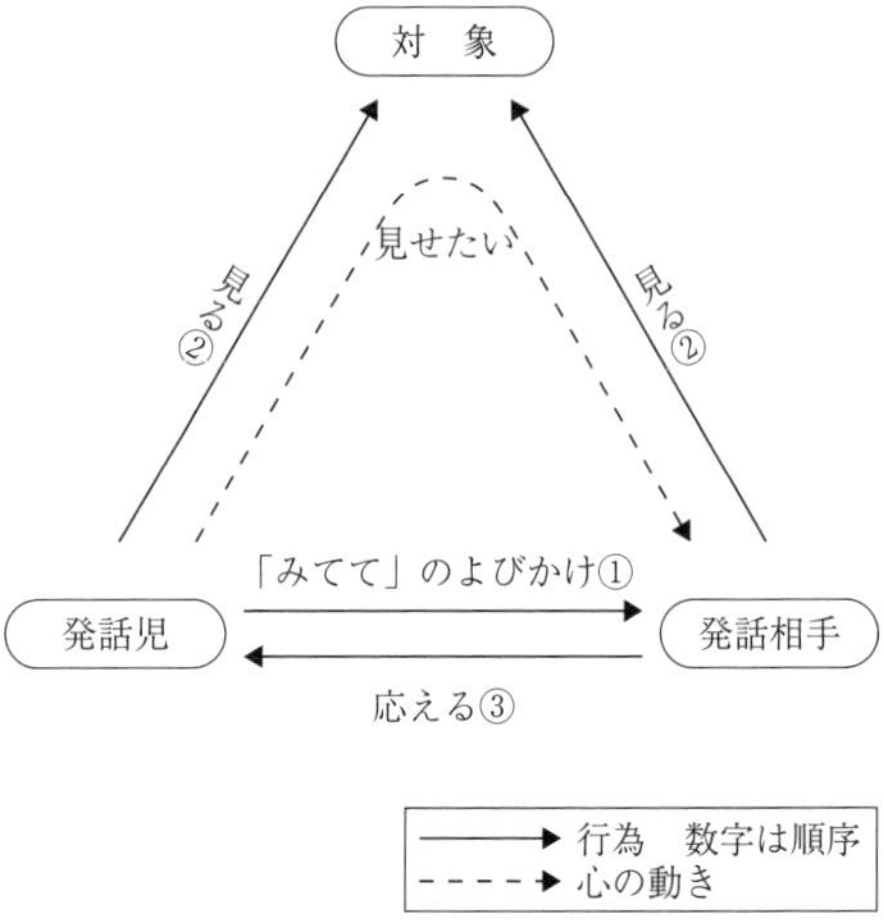

図5-1　「みてて」における三項関係[2]

子どもたちは、この行動をよくします。「みてて」は「見せる」の一部ですが、子どもたちの示す能動的コミュニケーションの一種でしょう。以下、「みてて」行動には☆をつけることにします。

Aちゃん（二歳〇カ月）　私に足見せ「さっき、ここ痛かった」

Aちゃん（二歳八カ月）　私に指見せ「ここ」

Cちゃん（一歳八カ月）　私に指見せる。

Cちゃん（二歳〇カ月）　私に指見せ「ここいたい」

Kちゃん（一歳七カ月）　私に指見せる。

Oちゃん（一歳一一カ月）　私にかゆいところ見せる。

Pちゃん（二歳〇カ月）　私に足の傷見せ「ここ」

自分の身体に関するもので、大人（ここでは私）への訴えでしょう。次に考える「ものを渡す」と同様に、大人とのコミュニケーションの糸口としての機能がありそうです。

Hくん（一歳七カ月）　着替えてきて私に見せる。
Jちゃん（一歳九カ月）　私に自分の着ているTシャツ見せる。
Pちゃん（二歳五カ月）　私に髪見せ「みて」☆
Qちゃん（一歳八カ月）　私に切った髪見せる。

これらも自分の身体に関するものですが、自慢したいようです。自己身体認知の発達、というような研究テーマがありうるでしょう。第1章で紹介したルイスは、自己が理解できるのは一歳半頃と言っていますが、上記のデータはいずれも一歳半以降に出てきており、ルイスの説の裏づけになりそうです。

自己意識に関してですが、もうすっかり大人になってしまった私の息子は、「かわいい」と言われるより「すてき」と言われたがる子でした。「かわいい」は子ども向け（子どもなのですが）と思っていたようです。この傾向は息子だけでもないようで、保育園の一歳の部屋で、保育者が「○○ちゃんは『かわいい』より『すてき』と言われたいようね」とつぶやいていました。一種の〝誇り〟でしょう。前述の私の息子は、一歳五カ月の頃、自分が乗って足で蹴って動かす車で、うまく障害物を通りぬけたのを、もう一度やって説明しました。このあたりから、〝誇り〟の原点が探れるように思います（ルイスは、第1章に引用したように、〝誇り〟が出てくるのは二歳以降と考えています。〝誇り〟の定義をきちんとしないと議論がかみ合わないでしょうが、私はもう少し前から考えられると思います）。

Aちゃん（二歳三カ月）　私と手を引き合い、保育者に「先生、みて」☆
Cちゃん（一歳一一カ月）　私に、布のバナナをくっつけて「できた」
Lちゃん（二歳四カ月）　友だちにもの渡しつつ、私に「みて、渡した」☆
Pちゃん（二歳三カ月）　自分が作ったガラガラを私に見せながら「〇〇（自分の名前）って書いてある」「〇〇ちゃんが作ったの」

これらも〝誇り〟でしょう。自分の行動を評価もしています。ルイスのいう自己意識的評価情動でしょう。「見せる」は女の子に多い気がします。

以下「みてて」だけに注目します。☆は省略します。

Aちゃん（二歳三カ月）　私に「みて、もらった」
Aちゃん（二歳八カ月）　私にパズル見せ「みて」
Cちゃん（一歳八カ月）　私に袋見せ「みて」
Jちゃん（二歳〇カ月）　私にバンダナ見せ「みて」
Pちゃん（二歳〇カ月）　私に「みて」
Pちゃん（二歳〇カ月）　私に帽子見せ「みて」

一歳代でも「みてて」が見られるわけです。福崎は、「みてて」の発達を、「三歳児他者との関係をつくる、四歳児他者との関係をかためる、五歳児他者との関係をきわめる」[2]とまとめています。

私の研究は、「みてて」が中心ではありませんが、一歳でも他者との関係をつくっているのはたしかなようです。ここに示したものは、すべての記録が私に向いたものでしたが、保育者にももちろんありました。

3　ものを渡す

ものを贈るということが人間にとっていかに重要なことか、考えた研究者がいます。マルセル・モースです。彼は、民俗学などの多用な資料を用いて、〝贈与〟について分析しています[4]。話が急に身近になりますが、内田樹は、インターネット書店の名前がなぜアマゾンというのかについて、仮説を立てています。ある部族と別の部族の境界線上にものを置いておくと、それが別のものに代わっているという〝沈黙交易〟の復活なので、アマゾンを連想してそういう名前にしたのでは、というのです[5]。とにかく「**ものを渡す**」という行動は、人間にとって関係をつくる基礎なのでしょう（第4章のアイブル＝アイベスフェルトのエピソードも参照）。

ものを渡す

ものを渡す行動の中に、絵本を渡すものが含まれています。子どもたちは本を読んでもらいたがりますが、本当に読んでもらいたいのではなく、関係をつくりたいだけだと思うことがよくあります。私が本を読んでいる時に、本を見ないで私の顔を見ていることが多いからです（私に見とれているわけでもないでしょう……笑）。

優れた絵本をたくさん残した渡辺茂男[6]は、次男に絵本を読むのではなく、その内容を話してやったところ、次男は渡辺の口元をじっと見つめていた、といいます。一生けんめいに話を理解しようとしていたからではないか、と考えています。

私の息子は、渡辺の『じどうしゃ　じどうしゃ　じどうしゃ[7]』という絵本が大好きでした。何度も読んで、ほとんどそらで語れるようになっていました（もちろん省略や変更も多く完璧ではありませんでしたが）。この作品にはタイトルからしてそうですが、繰り返しがたくさんあります。ピアジェは、赤ちゃんの最初の認知の仕方を、行動を繰り返すので〝循環反応〟と呼んだわけですが、渡辺のような作家は、それを自然に文学に取り入れているのでしょう。

私が保育園で観察を始めた時、子どもたちが一番私に向けた行動は「ものを渡す」でした（研究1）。これは顔見知りだからではなく、私は初めて行った保育園でも、「待ってて」と言われ、ブレスレットらしいものをもらいました。図5-2がそれです。福崎も、初めて会った人にも幼稚園児は「みて」と言う、と書いています[2]。子どもたちは人なつこいのです。

Aちゃん（一歳一一カ月）　私にくれるふり。

もう大人をからかっています。

この保育園では、子どもたちが自分の人形を一体だけ保育室に置いていいことになっていました。人形は小さい子どもたちの心のよりどころ（**愛着の対象**）です。

愛着の対象

乳幼児が愛着を寄せる特定の対象（タオル、ぬいぐるみなど）である〝移行対象〟については、遠藤[8]が授乳方法や就眠との関連などについて、詳しく分析しています。森口は、自身の研究を含めて「空想の友だち」についての研究をまとめています。[9] 西洋では目に見えないタイプが多いようですが、日本ではぬいぐるみタイプが多いそうです。

図5-2　保育園児から私へのプレゼント

Jちゃん（一歳八カ月）　私に〝キティ（彼女の人形）〟を渡す。

Lちゃん（二歳一カ月）　私に〝犬（彼女の人形）〟を渡す。

Lちゃん（二歳四カ月）　私に〝犬〟を渡す。

など、自分にとって大切なものを私に渡してくれたのは、まさか私が取るとは思っていないこ

とと、それを渡して私と交流したいということの表れでしょう。もちろん、

　Aくん（一歳四カ月）　私に〝ごみ〟を渡す。

というのもあります。念のために言いますが、保育園はきれいに掃除してあります。でも、どうしても髪の毛などが床にあります。Aくんはきれい好きなのでしょう。

　Bちゃん（一歳七カ月）　私に〝スカート〟を渡し、はかせろと要求。

　Kちゃん（一歳五カ月）　私に〝エプロン〟を渡し、つけてくれと要求。

　Pちゃん（二歳三カ月）　私に〝布〟を渡し、本を包めと要求。

　Pちゃん（二歳四カ月）　私に〝本〟を渡し、「読んで」

　Cちゃん（三歳〇カ月）　私に〝チョコ（のつもり）〟を渡す。

など要求も多いです。

一番早い記録と言えるのは、次の二つでした。

　Aくん（生後一一カ月）　私に〝コースター〟を渡す。

　Lくん（生後一一カ月）　私に〝おもちゃ〟を渡す。

以下は微妙です。

　Fくん（生後九カ月）　友だちのおもちゃ取る。ただ互いに無関心。Fくん、それを返そうとする。保育者それを見て「無理にあげてる感じ」

〇歳代は、まだ自分が生きるのに精一杯で、他者に関心が向かないのでしょう。これは有名な進化生物学者ジャレド・ダイヤモンドが考える、チンパンジーに芸術がない理由（「野生に生きるチンパンジーの日常は、食べ物を探すこと、生き延びること、ライバルの群れを追い払うことで精一杯なのだ」[10]）と通じるかもしれません。第１章のルイスの自己発達理論によると、まだ自己も明確に確立されていません。

４　〝空気〟で遊ぶ

第３章で「チッチの本」の話が出てきました。一歳九カ月児がお母さんに〝空気〟を渡した事例でした。保育園の観察でも、第４章でふれたように、子どもたちは〝空気〟を渡していました。「チッチの本」の事例についてもう少し説明します。

この話は村井の『子どもの再発見』[11]に引用されています。そろそろおむつを取りたいと思っているお母さんが、おむつが取れた子の話が描かれている本を持って来させようとしています。

母「チッチの本持ってきて」
子（取りに行くが、別の本を持って行く）「チッチ」
母「ウソついちゃだめ。はい、チッチの本は」

子（こんどはおもちゃの板を持ってくる）「はい」
母（無視して）「はい、チッチの本」
子（こんどはおもちゃの箱を持ってくる）「はい」
母（無視して）「チッチの本」
子（フウセンを持ってくる）「はい」
母（無視して）「チッチの本」
（もうチッチの本以外に持ってくる物がなくなる）
子（空気をつかんで持ってくる）「はい」
母「どうも」
（これを三回繰り返す）

第3章に述べたように、これを観察したのは私です。村井理論で〝よさ〟は決まっていないわけですが、まさに〝空気〟と同じですね。この事例はもう何十年も前の出来事ですが、今を生きる子どもたちも〝空気〟を使っています。第1節に示したように、Aちゃん（二歳五カ月）は私に〝空気〟をくれましたが、Aくん（一歳三カ月）、Bちゃん（二歳六カ月）もくれました。他に、

Cちゃん（二歳〇カ月）私に〝空気〟をくれて、私が食べようとすると「食べちゃだめ、傘」とのこと。

Cちゃん（二歳〇カ月）私に「これ、かたいよ」「これ、からいよ」とくれる。

Cちゃん（三歳〇カ月）　私に〝空気〟をくれた。なぜかわからないがその〝空気〟は信号の赤と青だということだった。

Bくん（二歳九カ月）　保育者に、お金だと〝空気〟を渡した。

Dちゃん（二歳五カ月）　私に〝空気〟をくれながら、どんぐり、ぶどうなど、どんどん変わった。

成長とともに〝空気〟の意味が決められていくようです。つまり、〝空気〟にも二種類あり、意味が決まっていないものと、明らかに限定されたものがあるようです。

一歳になったばかりのEちゃんが無言で〝空気〟をくれたが、食べ物のつもりだったようで、まだことばが出ないから限定されていない、ということかもしれません。生後一一カ月のFちゃんが水飲むふりをしていたので〝空気〟で遊ぶことは〇歳児もしています。

ピアジェの発達段階説（第1章のコラム参照）によると、乳児は動くことや感じることでものごとを理解（感覚運動的段階といい、〇～二歳〇カ月頃をさします）し、イメージやことばのような表象は持たないわけです。[12] ただし、感覚運動的段階の最後になると、表象の芽生えがあるとしています。ピアジェ[13]は、一歳六カ月の娘が、なくなったおもちゃを捜したと記録しています。そしてこう書いています。

「直接に知覚される刺激がないところで、そこにない対象が喚起されたのである」

しかし、二歳まで表象を持たないとしたら、ここで示しているような〇歳児の〝空気〟を使うやりとりは、どう考えたらいいのでしょう。ピアジェは、生後七週の乳児が舌出し模倣したと報告した大学院生に、彼の理論と合わないので「無礼だ」と言ったそうですが[14]、私のこのデータも無礼かもしれませんね。

指さしの研究をしている岸本健[15]は、一歳〇カ月児がした行動を録画しました。お母さんがドアから出て行った後、見えなくなったお母さんのほうを指さすという場面です。「いっちゃった」とでも言いたいのでしょう。見えないものへの指さしです。発達心理学者**マイケル・トマセロ**たち[16]は、チンパンジーは見えないものを指さすことはできないと考えています。しかし、京都大学霊長類研究所のチンパンジー、アユムが空気で遊んだ場面が記録されています[17]。チンパンジーの認知能力が、ヒトとどこが同じでどこが独特なのか興味深い点です。長年チンパンジーの研究をしている松沢[18]は、ヒトには想像する力があり、そのために希望を持つことができ、互いに分かち合い、思いやり、慈しむことができるのだ、と考えています。

マイケル・トマセロ

トマセロは、まさに現代を代表するアメリカの認知心理学者で、翻訳書もたくさんあります。彼は、例えば、ヒトとヒト以外の霊長類のコミュニケーションの違いを徹底的に分析してみせています。彼の研究が優れているのは、霊長類研究から出発してヒトの研究に進み、ヒト以外の霊長類の研究もやめずに続けているところからくるように思います。

空気ではありませんが、

Cくん（二歳一カ月）　その日休みだった友だちの名前をつぶやいて、保育者に「〇〇くん、お休み」といわれる。

Dくん（二歳八カ月）　保育園をやめた友だちの写真を見て「〇〇くん」と言う。

などの例は、もう彼らが友だちのイメージをしっかり持っている証拠でしょう。

Eくん（二歳四カ月）が、Gちゃんと絵本の中の食べ物を食べるふりをして、「もう食べちゃったよ」と言われ、「もう、なかっぷ？」と意味不明なことを言った。

これも表象の表れではないでしょうか。あとで〝いないいないばあ〟のことを考えますが、それがものの存在についての遊びならば、この点を考える手がかりになるでしょう。私の考えでは、子どもにとって〝いないいないばあ〟がおもしろいのは〝ばあ〟という結末であり、存在の有無ではありません。その証拠に、アメリカでの〝いないいないばあ〟は〝ピーク・ア・ブー〟ですが、日本のように〝いないいないない〟と止めたりせず、全部一時に言います。でも効果は同じです。

5　利他的行動

利他的行動とは、だれかのためにする行動ですが、ある研究では「共感に基づき、自分のためではなく、他者の目的のためにする行動」と考えています[19]。この「他者の目的のために」は解釈がむずかしいところです。意図が入ってくるからです。例えば、ツバメの親が、口を開いてエサを待つ子にエサを運ぶ、これも利他的行動に含めるでしょうか。

第1節でAちゃんの利他的行動を取り上げました。もう一度考えてみましょう。

（二歳三カ月）　友だちが別の子におもちゃを取られる。Aちゃん「これあげる」

（二歳三カ月）　友だちが別の子が持っている望遠鏡をほしがる。Aちゃん「つくってあげる」

（二歳四カ月）　友だちに本をあげる。私に「○○ちゃん、（この本）好きなの」

（二歳七カ月）　友だちが鼻水を出している。「かみ先生（私のこと）、鼻」

一番目と二番目は他者の目的のためと言えるでしょう。三番目と四番目も相手は希望しているわけではありませんが、利他的行動でしょう。

Aちゃん（二歳一カ月）　泣いている友だちに「大丈夫？」

Cちゃん（一歳八カ月）　泣いている友だちの頭なでる。

Lちゃん（二歳五カ月）　泣いている友だちにバナナのおもちゃを渡す。

これらは大人のしたことの模倣かもしれません。第4章で述べた私の研究1では子どもが私にした行動、研究3では子どもが保育者にした行動を記録したので、利他的行動が出るとすると、対象が友だちである研究2の可能性が高くなります。保育場面では、大人への利他的行動は出にくいと考えられるからです。

Bくん（二歳六カ月）　友だちに「空いたよ」

Bくん（二歳八カ月）　友だちがミルクを飲もうとするとイス出す。

Dちゃん（二歳二カ月）　友だちに「（場所）空いてるよ」

Dちゃん（二歳五カ月）　友だちが布さがす。「あったよ」と言い、つけ方まで指示。

Dくん（二歳七カ月）　友だちに「いいよ」と席ゆずる。

Dくん（二歳八カ月）　友だちに「空いてるよ」

Gくん（二歳六カ月）　友だちのためにパズルさがす。

Kくん（二歳二か月）　友だちに「（車）かして」と言われ、貸す。すると別の友だちに頭なでられる。

Mちゃん（二歳〇カ月）　友だちの人形さがす。

これらは、他者の目的も考えています。「空いてるよ」というのは、前項の〝空気〟を思い出させます。

Bくん（二歳〇カ月）　友だちのタオルをタオルかけにつるそうとする。

Bくん（二歳〇カ月）　友だちの世話をしようとする。

Gちゃん（二歳一〇カ月）　友だちの鼻をふく。

これらは相手が希望しているわけではありません。「世話をする」と言うべきかもしれません。

女の子だけがするわけではなく、BくんもGちゃんも年下のきょうだいがいるわけでもありません。第1章と第4章で、ルイスらの『乳児の保育者にもたらす影響[20]』という本のことを書きました。子どもたちは保育者でもあるわけです。

「利他的行動」の研究は、ほとんど実験的に行われています。アメリカの著名な発達心理学者、**ジェローム・ケーガン**は、実験的になされる利他的行動の研究は日常場面と違いすぎると指摘しています[21]。例えば、大人（実験者）が両手にものを持っていて、外へ出たいのだが、ドアが開けられない、それを見て子どもがどうするか、というような実験です。実験室のような、普段は行かない見知らぬ場所での、見知らぬ人に対しての行動ですから、私が先に紹介したような、

Dちゃん（二歳五カ月）　友だちが布さがす。「あったよ」と言い、つけ方まで指示。

のような、笑ってしまうような記録は出てきませんね。

ジェローム・ケーガン

ケーガンは第I部でご紹介したルイスとともに、現代の発達心理学を牽引してきました。ルイスとはアメリカのフェルス研究所での同僚でした。不思議なほど、翻訳されたものはほとんどありませんが、多くの本を執筆しています。彼は一九七八年に日本教育心理学会で講演しましたが、「長いこと縦断的研究をしてきたが、発達で一貫しているものはほとんどなかった（つまり生まれつきというものはない）」と残念そうに語ったのが印象的でした。

チンパンジーの利他的行動について山本真也[22]は、次の三点が特徴だと考えています。

①　自発的にはなかなか助けないが、他者からの明示的な要求には応じる。

②　他者の欲求は、他者の置かれた状況を見て理解できる。

③　他者の欲求が理解できても、自発的な手助けにはつながらない。

つまり、チンパンジーとヒトでは、利他的行動を自発的にするか否かが異なるということです。では、なぜヒトでは自発的利他的行動が促進されたのかに関して、山本は「相手に評価されなくとも、周囲の人々から高い評価を受けることがある。そのような間接互恵システムがヒトには存在するためではないか、と考えています。しかし、評判など関係ない小さな頃から、ヒトは人が好きで、おせっかいであることを、保育園の子どもたちは教えています。

チンパンジーの利他的行動

人間にだけ利他的行動があるという議論に対して、ドゥ・ヴァールは、次のように書いています。

「あるとき著名な児童心理学者が、人間の利他行動が類を見ないものであることを強調したいがために、大勢の聴衆の前でこう叫んだ。『類人猿はけっして仲間を救うために湖に飛び込んだりしない！』　その後の質疑応答の時間に、私は……指摘した。じつは類人猿たちが、多くの場合、命を危険にさらしてまでも（類人猿は泳げない）、まさにそのような行動をしたという報告がいくつかある、と[23]」

断定的な発言は避けたほうがよさそうです。

6　教える

「教える」が重要なのは、それが基本的にヒトのみに認められるためでもあるでしょう。表5-1は、基本的に松沢(24)によるものですが、チンパンジーのことを知りつくした松沢のまとめであることが重みを与えます。

第1節には書きませんでしたが、

Aちゃん（二歳〇カ月）　私にパンダの人形見せて、「Aちゃん（の）」

というのもありました。自分の大切な人形であることを教えてくれたわけです。

保育園は登園時間がばらばらなので、後から友だちがくると、

Jちゃん（一歳八カ月）　たぶん私に、「〇〇くん、きた」

のようなことがよく起こります。これには「教える」意図はなく、反射的な側面もあるかもしれません。

Aちゃん（二歳三カ月）　私にバナナ（おもちゃ）をくれようとする。友だち手を出す。「ちがうよ」

Aちゃん（二歳八カ月）　友だちに「こうやって書くんだよ」

Gちゃん（二歳二カ月）　服のボタンを外し、友だちにはめ方を見せる。

表5-1　認知的課題遂行の霊長類間の比較[24]

	新世界ザル	旧世界ザル	チンパンジー	ホモ・サピエンス
鏡映像を自己と認識する	N*	N*	Y	Y
模倣をする：みてすぐ動作をまねる	N	N	y	Y
協力して共同作業ができる	N	N*	y	Y
ふりをする	N	N	N*	Y
教える	N	N	N*	Y
厳密な意味での“心の理論”をもつ	N	N	N	Y

N：ない，N*：基本的にないが例外的な報告がある，y：困難だが可能，Y：ある

Jちゃん（二歳三カ月）（私が〝おかたづけ〟を手伝っていると）私に「ご本はあっちだよ」

Kちゃん（一歳五カ月）　先生が点呼しているのに反応しない友人の手をつかむ。

これらは指示的です。そして、ほとんどことばを伴っています。最後のKちゃんの一歳五カ月というのが現在のところ一番早い記録です。赤木和重は、実験的に、一歳児が教えることができるか、さらにミラー課題との関連を検討しています[25]。そして、一歳八カ月以降になると教える子どもが増えること、またそれはミラー課題の通過と関連する、つまり自己認知と「教える」はつながる可能性があることを示しています。

前に出てきた、

Cちゃん（二歳〇カ月）　私に空気をくれて、私が食べようとすると「食べちゃだめ、傘」

Cちゃん（二歳〇カ月）　私に「これ、かたいよ」「これ、から

図5-3　指さして「教える」（別の研究より）

いよ」とくれる。

は、遊びの世界です。最初の例は指示的でもあります。

Lちゃん（二歳九カ月）　私に「〇〇ちゃん、赤ちゃん産まれたんだって」と、友だちがお姉さんになったことを伝える。

これは情報ですが、子どもたちから見ると私も友だちの一員なのかもしれません。

Mちゃん（二歳四カ月）　マグネットが隅に落ちていたことを保育者や私に教える。友だちには教えない。

自分が見つけたよ、という自慢でしょうか。

Dちゃん（二歳一カ月）　私に友だちを指さし（図5-3）し、「××〇〇ちゃん」と、自分と下の名前が同じであることを教える。

私がふたりの名前を知らないと思っているのでしょうか。ただ情報を伝えたいだけなのでしょうか。

Dくん（二歳七カ月）　友だちが爪を気にしている。「お家で、切んないと」

Dくん（二歳七カ月）　友だちに「〇〇ちゃん、汚いこれ」と、友だちの人形が汚れていることを指摘。

この二つの場面、はっきりと思い出します。彼のおせっかいぶり、笑えます。

子ども同士では、いざこざがしょっちゅう起こります。「注意」「怒り」などがたくさんあります。

Cくん（二歳九カ月）　本を一緒に見ようとした友だちに、「これはCちゃんの、□□ちゃんのじゃないよ」

Eくん（二歳四カ月）　友だちが絵本をめくってしまうので、「順番でしょ」

Gちゃん（二歳六カ月）　友だちに「ふんでるよ」

第４章で「教える」を表４－２にまとめましたが、情報・注意・おせっかいも含める必要があるかもしれません。注意やおせっかいは、カロらの定義にはあてはまらないでしょうが、ヒトの場合、これらも入れるべきでしょう。

前に示したAちゃんの、

Aちゃん（二歳四カ月）　友だちに本あげる。私に「○○ちゃん、（この本）好きなの」（読んであげての意味）

Aちゃん（二歳七カ月）　友だちが鼻水を出している。「かみ先生（私のこと）、鼻」

は利他的でもあります。

７　うそをつく

Dくん（二歳八カ月）（嫌いなので）牛乳飲んだとうそ。

Nちゃん（二歳一カ月）　パズルのピース「ない」（本当はある）。

以前に子どものうその研究をしたことがあります[26]。第1章で述べたルイスに、彼らがやった実験を日本で追試（同じ実験を第三者が行うこと）して、と言われたのです。子どもたちに実験室に来てもらい、イスに座ってもらいます。実験者は「これから、後ろのテーブルにおもちゃを置くけれど、見ちゃだめ」と言い、わざと音をたてておもちゃを置きます。少し意地悪な実験ですね。「用があるので外に出るけど、見ないで待っていてね」と言い、実験者は外に出ます。子どもが見てしまったらすぐに、見ないで五分待てたらその時、実験者が戻り、「見た？」と聞くのです。見たのに「見なかった」と答えればうそをついたことになります。

三歳児には実験者の言うことがわからない子もいました。「見ないで待っていてね」と言っている最中に見てしまうような子です。この実験からも、子どもたちのけなげさをたくさん知りました。仏教系の幼稚園に通っていたのか、待っている間にお経を唱えていた子（しかも見てしまいました）、使ったおもちゃはマクドナルドのセットでしたが、「マクドナルド、見なかった」と告白してしまった子など。

子どものうそについては最近も研究されていますが、三歳児はうそをつけないという観点が取られています[27]。子どもたちは、実生活ではもっと早くからうそを活用しているようです。

以下の記録からは、子どもたちの倫理観の原点が探れそうな気がします。

Aくん（一歳一一カ月）テーブルにわざと乗る。そして保育者の肩をたたき、怒ってもらいたいらしい。気づかないと、とてもさびしい顔をする（保育者の解説による）。

Cくん（二歳九カ月）本を一緒に見ようとした友だちに、「これはCちゃんの、□□ちゃんのじゃないよ」

Dちゃん（二歳二カ月）友だちに「のいて（どいて）？」

Dくん（二歳六カ月）友だちが電車動かすのを邪魔。「どいて」と言われ、「だめ」

Gちゃん（二歳一カ月）友だちがテーブルに乗る。降ろす。

Gちゃん（二歳七カ月）友だちに「替わって」

Gちゃん（二歳八カ月）友だちが捜しているパズルをかくす。

Gちゃん（二歳一〇カ月）友だちが座っていた私の膝に、足を広げ、座る。友だち「（自分が）すわってた」と抗議。

Rちゃん（二歳四カ月）友だちに「（場所）空いてる？」


Gちゃんの出番が多かったようです。子どもはわざと悪いことや意地悪をしたりもしますが、悪いことを正そうとしたり、自分の正しさを主張したりもしています。第3章で紹介した村井は、「人はよく生きようとしている」という人間観に立つわけですが、子どもたちはいつ頃からことばとして「いい」とか「よい」とか言い出すのでしょうか。古いデータですが、一歳四カ月には出るようです。(28)

8　体にさわる

Aちゃん（三歳七カ月）　まるで毛づくろいのように、私の背中をつねる（次の週も）。

ハーロウ（第2章参照）は、布でできた母親と針金でできた母親を使い、アカゲザルの乳児にとっての触覚の重要性を指摘しました。そこから〝愛〟を考えようとしたのでした。その後、ティファニー・フィールド[29]は、低出生体重児にマッサージをすると、体重が増え、目覚めている時間が長くなり、発達検査の成績が上がり、入院時間が短くなることを示しました。それをマッサージセラピーといいますが、彼女はタッチ・リサーチ・インスティチュートという研究所まで作ってしまいました。また、カンガルーケアという療法も提唱されており、出生直後に母子が肌と肌をふれ合わせることにより、低出生体重児の心拍と呼吸が安定し、深く眠ることができると同時に、静かに覚醒することも増え、泣きが減り、感染も増えず、保育器から早く出ることができるとされています[30]。これらの療法は、子どもたちの発達にとってのふれ合いの重要性を示していますが、あくまでも療法ですから、正式な手続きが必要です。

毛づくろい
毛づくろいについて、小林洋美ら[31]は、イギリスの霊長類学者、ロビン・ダンバーの「ボーカル・グルーミング仮説」を紹介しています。ダンバーは、毛づくろい（グルーミング）には相手との関係を築く機能もあることに着目しました。グルーミングには時間がかかるため、グルーミングにより維持できる群れの個体数はせいぜい六〇個体です。一方、グルーミングすべき相手の数、つまり群れの個体数は、脳の新皮質の割合と正の相関があり、そこから算出されるヒトの群れのサイズは約一五〇個体と、グルーミングによって維持できるよりもはるかに大きいのです。ダンバーはそれを、言語によって維持しているのではないかと考えた、というものです。

これに対し、小林らは、ヒトの目には他の霊長類にはほとんどない白目が大きな割合を占めることを指摘し、それはどこを見ているか明らかにする働きがあるのではないか、と考えています。そして、ヒトの場合、見つめることがグルーミングになるのではないかと考え、ゲイズ・グルーミング仮説を提案しています。とても興味深い考えです。しかし、私は残念ながらそれには賛成できません。見つめられることは、ヒトを和ませないからです（後述の〝視線恐怖〟を参照）。

第4章の保育園での研究1〜3で、「さわる」や「ひざに座る」を観察項目に入れたのも、ふれ合いの大切さを考えてのことです。図5-4は、かつて私たちがした「手取り行動」の研究での一組の親子の行動を表したものです。母親のひざに座った子どもが、母親の両手を取り、自分をしっかり抱きしめさせようとしています。子どもはよく大人のひざに座りますね。私はそれほど親しくない小学生にも座られたことがあります。図5-1に示した三項関係はよく取り上げられます。し

図 5-4　ひざの上に座りさらに両手を結ばせようとする子[32]

かし、**ひざの上**、というのは指摘されたのを見たことがありません。ひざに座る場合、三項関係と違って視線の交流はないわけです。それは〝おんぶ〟も同様です[33]。私は、以下にも述べますが、欧米の心理学ではフェイス・トゥ・フェイスを強調し過ぎると思っています。親と子が同じ方向を見ることの重要性を考えるべきではないでしょうか。

ひざの上

前に出てきた渡辺が次のように書いています。

「幼いお子さんに絵本を読んであげる最高の場所は、お母さんのひざの上です。おかあさんのひざは、幼い子どもにとって、世界で最高のいすです。神さまが作ってくださったいすかもしれません。やわらかくて、弾力があって、ゆったりもたれかかれば、頭のうしろが、おかあさんのゆたかな胸のなか。背中は、おかあさんのおなかのあたたかさで、ほかほか[6]」

9　笑う

子どもたちの情動について考えてみましょう。第1節でとりあげたAちゃんは、二歳一カ月でニコニコ顔をつくることができました。ニコニコがどういうものかわかっているのはもちろん、自分で表情をコントロールしていたわけです。第1章で紹介したルイスの考えでは、一歳半くらいに自己意識が成立し、二歳から三歳の間に自分を評価するようになるわけです。Aちゃんには、もちろん自己意識が働いていたと言えるでしょう。

チンパンジーの笑いの研究をしている川上文人ら[34]は、チンパンジーの母親も〝高いたかい〟をするが、笑っているのは子どもだけで母親は笑っていないことを発見しました。チンパンジーでは、笑い合うということもほとんど起きないようです。ヒトの場合、〝高いたかい〟をすると大人も笑っています[35]。そもそも見つめ合うこと自体、霊長類ではまれだと言われていますが、イギリスの霊長類学者キム・バード[36]はそれに疑問を投げかけています。チンパンジーでも地域により違うのです。ヒトも文化によって見つめ合うことの多少があります。母子関係でも、身体接触が多いと見つめ合うことが減る傾向にあります。「チンパンジーの見つめ合いの文化差が発達にどのような影響をもたらすのか、を明らかにする研究がぜひともほしい」とバードは述べています。

また山極寿一[37]は、ゴリラでは見つめ合いが起こることを写真で示しています。第4章でふれた「手取り行動」で、ウェンディ・フィリップスたち[38]は、評定に四段階を使っています。「もの中心」「人をものとして扱っている」「人を自分で動くものとして扱っている」「人を人として扱っている」ですが、三段階目と四段階目を分けるのは、アイコンタクトの有無だけです。「人を自分で動くものとして扱っている」と判断される行動にアイコンタクトが加わっていれば、「人を人として扱っている」と評定されるのです。自閉的な子はアイコンタクトが少ないということを強調しすぎているのではないでしょうか。文学者の大浦康介[39]が、視線恐怖について考察しています。欧米では視線恐怖がほとんど見られない、社会恐怖も日本や韓国などに特徴的である、などの指摘は興味深いと思います。

保育園では、Fくん（生後九カ月）とFちゃん（一歳〇カ月）が微笑み合うということが起きています。笑い合いは頻繁に観察されていますが、

Gくん（二歳四カ月）とCくん（二歳六カ月）がミルクを飲んでうまそうに「あー！」と言い、笑い合った。

のは、テレビのコマーシャルの影響かもしれません。

地球上の多くの動物の中で、微笑するのはチンパンジーとヒトくらいと考えられています。笑うのもチンパンジーとヒトくらいですが、チンパンジーには笑いの共有が少ないとすれば、私たちヒ

表5-2　幼児の笑い[40]

種　類	定　義
ひとり笑い	人ではないものを見ての笑い
一方的笑い	人を見ているが相手が笑っていないときの笑い
同調笑い	見ている相手も笑っているときの笑い
移動笑い	目標のない移動中の笑い
接近笑い	何かに接近しながらの笑い
退散笑い	何かから遠ざかりながらの笑い
達成笑い	自らの行為が完遂，誰かにほめられての笑い
行為失敗笑い	何かが壊れる，落ちる，誰かが転ぶ，自らの失敗を誰かに報告したときの笑い
ごまかし笑い	誰かに怒られた，困らせたときの笑い
困惑笑い	誰かの行為，発話が理解できない，誰かに対象児の行為，発話を理解してもらえないときの笑い
歌笑い	歌いながらの笑い

トは豊かな情動に恵まれていること、さらに共感する能力にも恵まれていることを自覚すべきではないでしょうか。チンパンジーの笑いがそれほどうれしそうでないのは、目が笑っていないためでしょう。

私たちは以前に『ヒトはなぜほほえむのか』[32]という本を書きました。調べてみると「微笑」や「笑い」の研究はたくさんあるのですが、その「微笑」や「笑い」をきちんと定義しているものは、ほとんどないことがわかりました。さらに、その発達をきちんと押さえているものもありません。川上文人[40]は、幼児期の笑いを表5－2のように定義しています。この表5－2は幼児期の情動発達の研究に使えるでしょう。

前に書いた、GくんとCくんがミルクを飲んだ時の笑いは、「同調笑い」ですね。

Gくん（二歳七カ月）　自分ですべり笑う

は、「行為失敗笑い」でしょう。

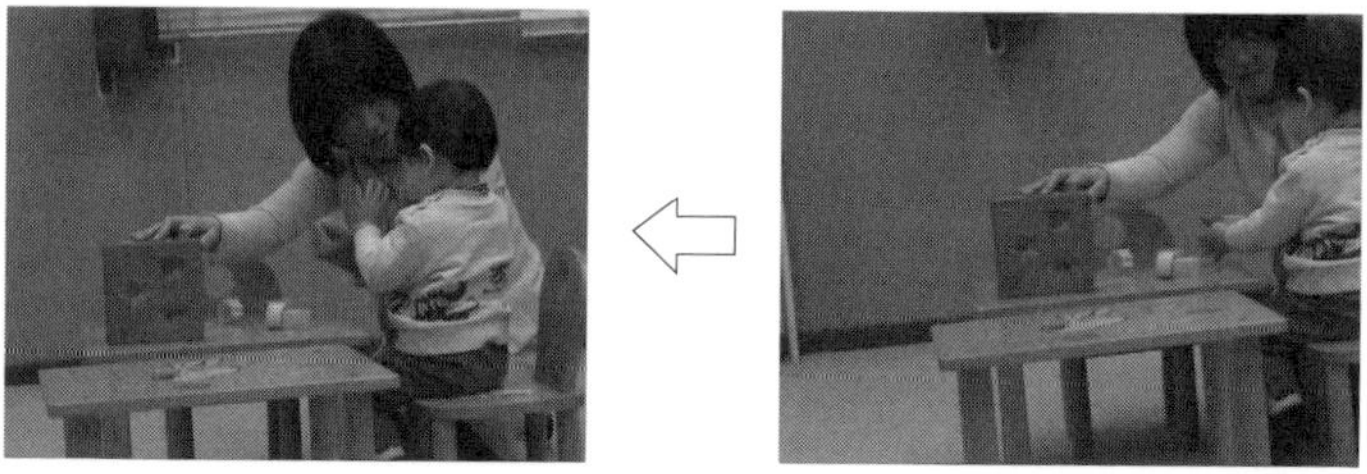

図 5-5　母親の手の中におもちゃを入れ，手を閉じておもちゃにバイバイ (41)

笑いを伴うことが多い遊びに、〝いないいないばあ〟があります。

子どもたちは、自分たちでも笑いを創造しています。

Bくん（二歳七カ月）友だちに〝いないいないばあ〟（声なし）

Dちゃん（二歳〇カ月）自分で風呂敷を使い、友だちに〝いないいないばあ〟

Fちゃん（一歳三カ月）小石を私の手のひらに置き、閉じさせ、「ばあ」

Hちゃん（一歳六カ月）Iちゃん（一歳三カ月）と〝いないいないばあ〟

〝いないいないばあ〟は、ものともするのです。ものの永続性を理解した上で遊んでいるのでしょう。私たちが前に行った「手取り行動」の研究をまとめた論文[41]にも、お母さんを相手に同じような行動をした写真があります（図5－5）。

私に対しても〝いないいないばあ〟はありました。

Bちゃん（一歳一カ月）

Cちゃん（一歳四カ月）

Cちゃん（一歳五カ月）

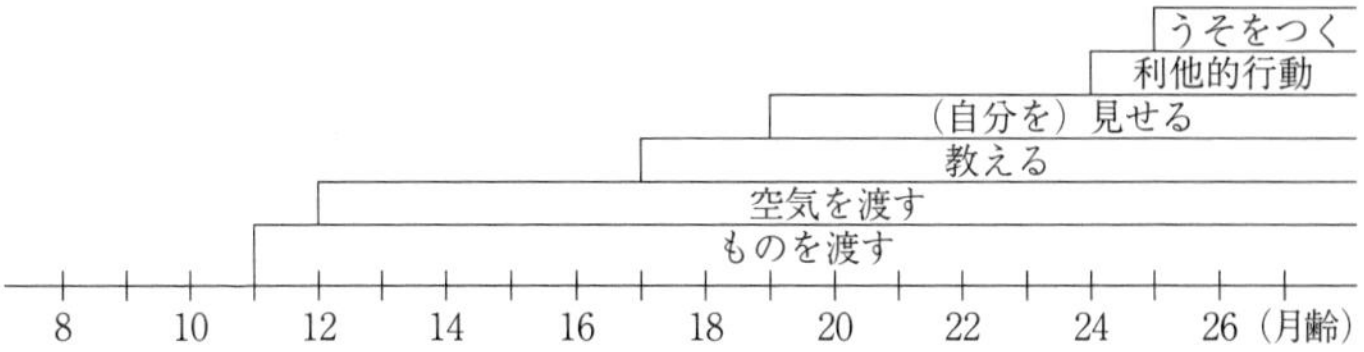

図 5-6　行動の初発

注：利他的行動の初発は，確実にそれと言えそうなものにしました

Hくん（一歳八カ月）、Iくん（一歳七カ月）、Jくん（一歳一〇カ月）集団で私に

最後のは、〝いないいないばあ〟ごっこ、と言うべきかもしれません。

まとめ

本章で述べてきたことを、初発という点で示すと、図５－６のようになります。もちろん、この初発は私が観察したという意味で、子どもたちはもっと前に、これらの行動を示しているでしょう。図５－６は、例えば「ものを渡す」は生後一一カ月に最初に見られ、その後続くということを意味しています。「ものを渡す」「〝空気〟を渡す」は相手の反応を期待しなくとも成り立ちますが、それ以降の行動は相手の反応がなくても成り立つとはいえ、やはり相手が想定されるでしょう。

終章　幼児期の対人関係を考える

第4章で紹介した研究1～3で、はっきりしたことは、〇歳児と一歳児の違いでした。多くの面で一歳児は〇歳児と異なりますが、全体的に言えるのは、大人に対しても友だちに対しても積極的に働きかけるということです。〇歳から一歳への変化の最大の要因は、言語の発達と言えるでしょう。言語の発達とともに、「利他的行動」や「教える」行動なども顕著になります。自分が生きるのに精一杯だった子どもたちが、他者に目を向け、かかわるようになってきます。もちろん、〇歳代にまったく他者に関心がなかったわけではなく、下地を作っていたこともたしかです。

第1章で詳しく述べたルイスは、乳幼児の発達を二つのステップで考えました。ここで段階と言わずステップと言うことには意味があります。ルイスは、発達をピアジェのように質が異なっていくものとは考えていません。層が重なるようなイメージだと言えばいいでしょう（図5－6のように）。そして、一歳半くらいに自己意識を持ち、二歳から三歳の間に、さらに自己を客観的に見るようになると考えたことになります。

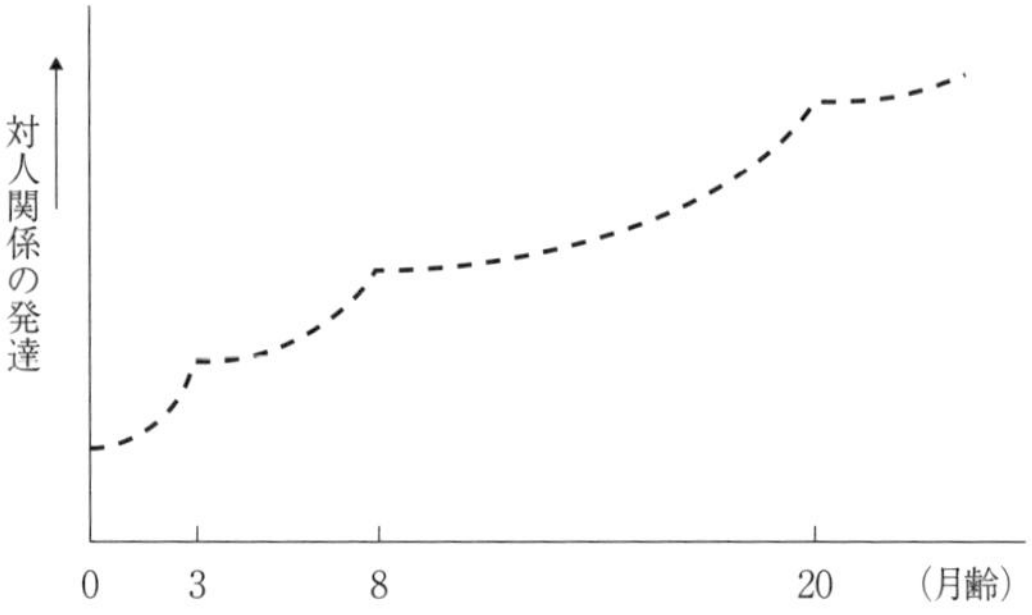

図終-1　スキャラップ仮説[2]

スピッツ（第2章参照）は、精神の発達を水準でとらえ、その水準の構造を想定して、組織因（organizer の訳）と名づけました。そして組織因の成立は、特定の行動の出現で明らかにされると考えました。生後三カ月頃、乳児はどのような人にもほほえみますが、スピッツはそれを〝三カ月微笑〟と呼び、第一組織因の形成の指標としました。生後八カ月頃の人見知りを〝八カ月不安〟と呼び、第二組織因の形成の指標、そして一歳三カ月くらいに自己主張を始めることを〝ノー〟の獲得と考え、第三の組織因の形成と考えたのです[1]。簡単に言えば、乳児期に三回、発達の節目があるということです。

実は私も昔、乳児期には三つの発達の節目があると考えました[2]。それを図終-1のように表しました。それぞれの節目について説明しましょう。いずれも施設児・家庭児の縦断的研究により見出されたのですが、まず、乳児の対人的微笑が生後三カ月頃に増加しました。スピッツのいう三カ月微笑です。生後八カ月頃に家庭児が施設児の発達を上回り、その頃、「指さし」「差しだし」（第

II部の「ものを渡す」と同じ）などの行動が出現しました。ちょうどスピッツの八カ月不安と同じ時期です。そして一歳八カ月頃、「有意味語の発声」が急増しました。階段状でなく波形なのは、その頃に急に出てくるという意味で、直線でないのは限定されていないという意味です。この波型はアメリカの心理学者バラス・F・スキナーの実験で出てくる**累積曲線**にヒントを得たのですが、学生時代に学んだことが役に立つこともあるわけです。この曲線はルイスによってスキャラップ（波状）仮説と名付けられました。それは名誉なことですが、まったく世間には知られていません。

スキナーの累積曲線

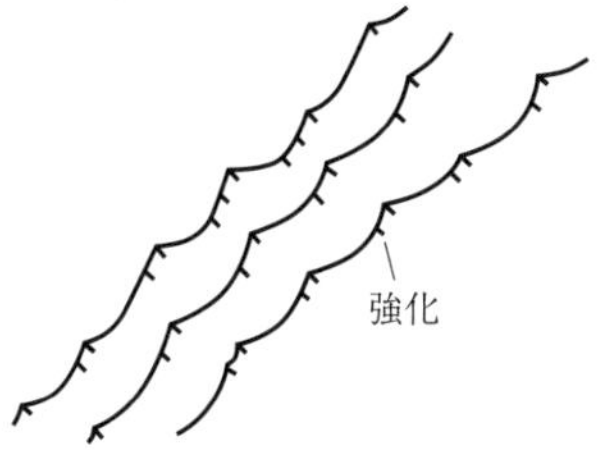

図　累積曲線[3]

スキナーは、二〇世紀のアメリカ心理学を代表する研究者でした。その徹底した行動主義には学ぶこともあると思います。スキナーの理論については、佐藤方哉[3]が詳しく解説しています。図の累積曲線は、横軸に時間を、縦軸に行動数を取って強化前後の様子を表したものです。強化が近づくと行動数が増えていることがわかります。

スキナーの略歴や興味深いエピソードについてはローレン・スレイター[4]がまとめていますが、そこでは第5章に登場したケーガンがスキナーについて語ってもいます。

本書の第II部で扱った研究1～3も縦断研究ですが、一人ひとりに焦点をあてたものではありま

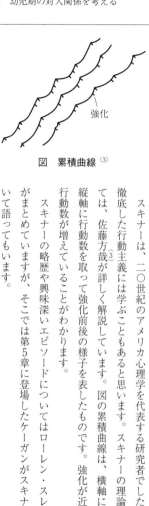

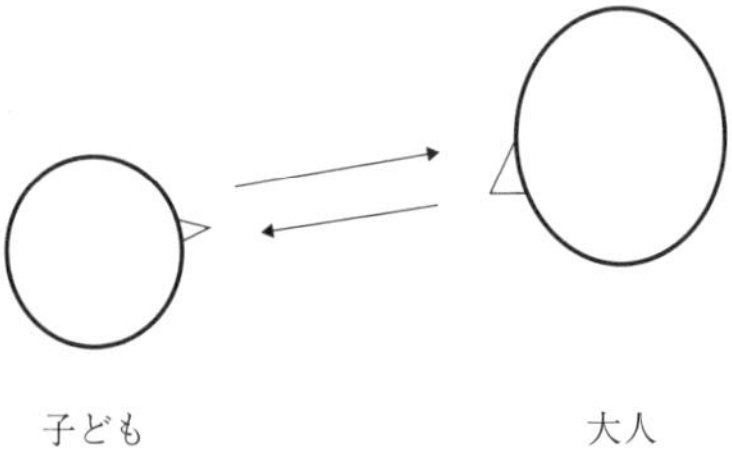

図終-2　第一次間主観性

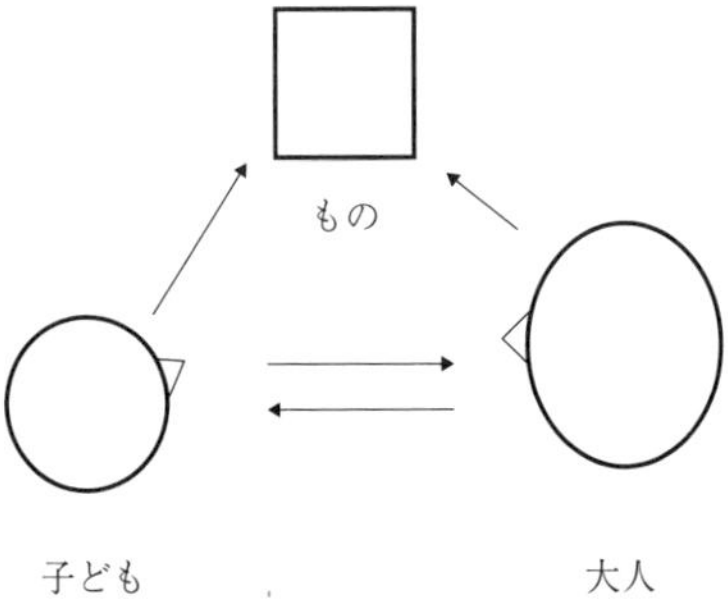

図終-3　第二次間主観性

せんでした。ですから、どの時期に発達が起こるということを特定することはできません。〇歳児と一歳児は大きく異なる、ということだけは確実でした。再びスキャラップ仮説を連想させます。私が四〇年間で進歩しなかったという解釈もできますし、子どもたちの発達は普遍的なのだ、ということも考えられるかもしれません。

イギリスの発達心理学者コールウィン・トレヴァーセンも、生後一年間に対人関係が変化すると考え、〝第一次間主観性〟〝第二次間主観性〟と名づけています。[5] それぞれを私なりに示すと、図終-2、図終-3のようになります。

第一次間主観性ではフェイス・トゥー・フェイスで関係が成立するが、第二次間主観性には「もの」が入ってくる、ということになります。第1章で述べたロシャの「二カ月革命」「九カ月革命」に近い考え方と言えるでしょう。

本書で示してきた○歳児と一歳児の違い、すなわちスキャラップ仮説の第三ステップは、図終－4のようになるのではないでしょうか。自分というものが確立し、ことばも増え、友だちとの関係も複雑になる、ということです。○歳児と一歳児は対人関係において異なるステップにいる（つまり、図終－1の第三ステップ）、〝間主観性〟という用語はオリジナルでないので嫌ですが、第三次間主観性と呼んでおきます。これが本書の呈示する最終仮説です。

ここでもう一度、図5－6と図終－1を見くらべたいと思います。図5－6で、一歳五カ月（生後一七カ月）頃に「教える」が出てきて、一歳七カ月（生後一九カ月）頃に「（自分を）見せる」が出てきています。図終－1では一歳八カ月（生後二〇カ月）頃に「有意味語の発声」が急増しています。私のイメージでは、「教える」や「（自分を）見せる」のような能力が蓄積して、一気に「有意味語の発声」の増加につながるのです。このようなイメージは縦断的研究をしていないと出てこないのではないか、と思います。

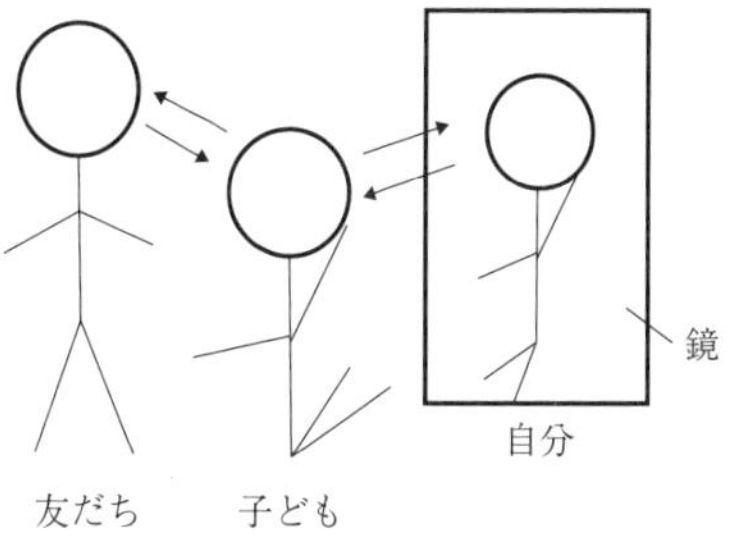

図終-4　第三次間主観性（またはスキャラップ仮説第三ステップ）
真ん中の子どもが鏡に映った自分を見ている.

以前に[2]私は、発達の理論には大きく分けると連続理論と非連続理論（段階説も含みます）があって、私の考えるようなスキャラップ説がないことを、図終－5のように説明しました。

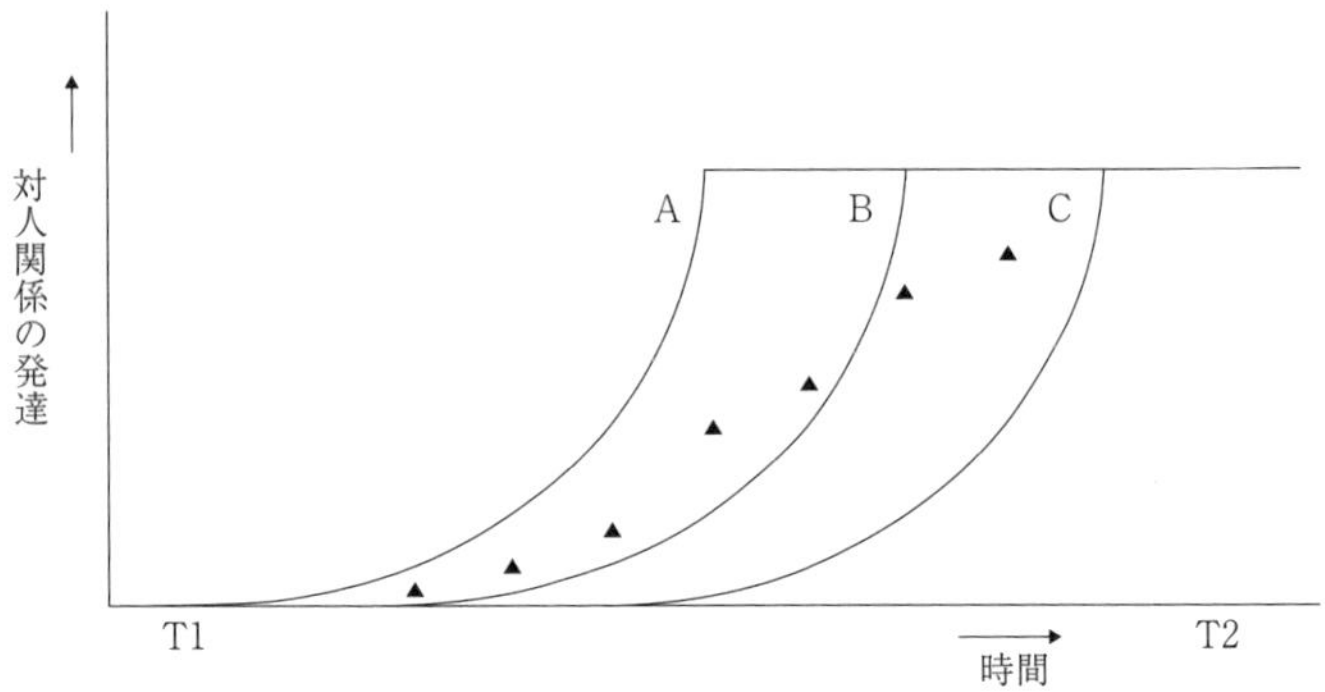

図終-5　発達のモデル[2]

縦軸は対人関係の発達全般を、横軸は時間を意味します。子どもたち一人ひとり（A、B、C）は、私の仮説通りスキャラップ的に発達するとします。Aの発達は早く、Cの発達は一番遅いということになります。図中の▲▲は、三人の平均値です。平均値を見ると、発達のダイナミックさは失われ、連続理論的になります。一方、T１とT２という二つの時点だけで発達をながめると、T１では全員が○で、T２では全員がある水準になっています。つまり、非連続的になるのです。そこでは発達の過程が無視されます。

子どもたちの対人行動の発達は、縦断的に見ていくと非連続的ではなく、また発達の様子は穏やかな連続ではなくダイナミックだ、と言えそうです。

残る課題も示しておきたいと思います。ルイスは、二歳から三歳の間に、さらに自己を客体化することが起こると考えるわけです。第5章で示してきたデータの中には、自己を客体化したものも含まれていると思われます。

Aちゃん（二歳一カ月）　保育者に、「（泣いている）○○ちゃんにニコニコ顔見せて」と言われてニコニコ。さらに別の友だちの手を取りニコニコ顔させようとする。

Aちゃん（二歳三カ月）　私と手を引き合い、保育者に「先生、みて」

Dちゃん（二歳一カ月）　私に友だちを指さしし、「××○○ちゃん」と自分と下の名前が同じであることを教える。

Hくん（一歳七カ月）　私に着替えて来て見せる。

Jちゃん（一歳九カ月）　私に自分の着ているTシャツ見せる。

Lちゃん（二歳四カ月）　友だちにもの渡ししつつ、私に「みて、渡した」

Pちゃん（二歳三カ月）　自分が作ったガラガラを私に見せながら「○○（自分の名前）って書いてある」「○○ちゃんが作ったの」

Pちゃん（二歳五カ月）　私に髪見せ「みて」

Qちゃん（一歳八カ月）　私に切った髪見せる。

このあたりの点については、データの蓄積が必要でしょう。つまり、第四ステップの確認は残された宿題です。

おわりに

なぜ、長じて、人は
質《ただ》さなくなるのか。
たとえ幸福を失っても、
人生はなお微笑するに足るだろうかと。
（長田弘（詩）いせひでこ（絵）『幼い子は微笑む』講談社、二〇一六年）

村井は「子ども（人）はよく生きようとしている」という子ども（人間）観に立ちます（第3章）。そして、第3章では踏み込みませんでしたが、人は〝よさ〟の判断を「相互性」「効用性」「無矛盾性」の三側面からしていると考えています（村井実『「善さ」の構造』講談社、一九七八年）。本書で示してきた「子どもたちは人が好き」を示すデータの数々は、「子どもはよく生きようとしている」ことを証明していて、村井のいう「相互性」の要求の表れと言えるのではないでしょうか。本来、村井の〝よさ〟理論は実証することも、反証することもむずかしいでしょう。〝よさ〟は決まらないのですから。しかし、第1章のルイスのように「これとこれがあれば何々と定義する」というような、いわば操作的定義は可能でしょう。そして次の疑問が出て来ます。「相互性」は「愛」と、どこが同じで、どこが異なるのでしょうか。

私はハーロウの「愛を研究することは心理学者の使命だ」ということばに基づいて研究を続けてきたつもりです。その使命を果たしたというのには、まだまだ道半ばです。本書が意味を持つとすれば、発達心理学を長く研究して来た者が、子どもたちの生活に入らせてもらい、子どもたちの世界を少しだけ紡ぎ出した、ということかもしれません。私の数少ない特技の一つは、子どもたちとなかよくなれるということのようです。あるベテラン保育者に、「すぐに子どもたちに溶け込みますね！」と言われたことがあります。存在感がまるでないようです。その特技（?）を活かして可能になったのが第4章で示した三つの研究でした。

先日、ひとりの保育者から写真を一枚いただきました。保育園で、私の腕で眠ってしまった子が幸福そうにうつっています。そこには、ことばが添えてありました。

「やさしい時間をありがとうございます」

私こそ、保育者の方々や子どもたちに、やさしさをいつももらっているのですが。

私が教えを受けた先達たちの考えをご紹介し、それを前提として私が子どもたちから学んだことをお伝えするという試み、いかがだったでしょうか。

マイケル・ルイス教授に、いつか本書の第1章だけでも英語にして読んでもらいたい、と思っています。何と言ってくれるでしょうか。

丹羽淑子先生のご子息である敏之さんと、お孫さんのエリカさんには、本書の出版についてお話ししました。お待ちいただいていると思います。また、ダウン症の子どもを持つ親たちのための詩を訳された大江祐子さんには、丹羽先生の本を一冊お送りいただきました。

村井実先生からは、「ご著書原稿、拝受致しました。出来上がったら、早速拝見するのを楽しみにしています」という葉書をいただきました。ありがたいことです。

本書に出てくる写真を飾っているのは卒業生のお子さんたちですが、研究に協力してくださった上に、使用を認めていただきました。子どもたちの写真の力で、少しほっとする内容になったのではないかと思います。

私を保育の世界に導いて下さっている、小山孝子・寺村圭子・渡辺佳子・中村純の各先生には、どう感謝をことばにしたらいいのか、わかりません。迷惑承知で小山・寺村の両先生に、本書の原稿をお読みいただき、鋭い指摘を受けました。それでずいぶん内容を変えたのですが、最終的には、小山先生の「現場には現場のことばがある。全部理解しよう、全部理解してもらおう、と考えず、自分のことばを綴ったらどうか」という助言に従うことにしました。

本書でご紹介した研究1〜3を可能にしてくださった、先生方、子どもたち、ありがとうございました。みなさんのすばらしい生活、少しは表現できたでしょうか。

最後に、教科書ではない発達の本を書かないかと私に薦め、原稿を徹底的に精査してくださった東京大学出版会の小室まどかさん、小室さんの援助なしには本書は仕上がりませんでした。心からお礼申し上げます。

本書を、私の研究生活のほとんどを共同研究者として支えてきてくれた高井清子と、私に保育園に通うことを薦めてくれ、誕生時にルイスからもらった、「両親のような心理学者になることを期待する」ということばを実行し始めた川上文人に捧げたいと思います。

二〇一八年七月二二日

川上清文

人名索引

事項索引

あ行

か行

さ行

た行

注・引用文献

はじめに

1）川上清文（1989）．乳児期の対人関係――その縦断的研究と社会的ネットワーク理論　川島書店

2）川上清文・高井－川上清子（2003）．乳児のストレス緩和仮説――オリジナリティのある研究をめざして　川島書店

3）川上清文・高井清子・川上文人（2012）．ヒトはなぜほほえむのか――進化と発達にさぐる微笑の起源　新曜社

4）Kawakami, K. (2014). The early sociability of toddlers: The origins of teaching. *Infant Behavior & Development*, **37**, 174–177.

5）Kawakami, K., & Takai-Kawakami, K. (2015). Teaching, caring, and altruistic behaviors in toddlers. *Infant Behavior & Development*, **41**, 108–112.

6）Kawakami, K., & Takai-Kawakami, K. (2017). Toddlers perceive preschool teachers not only as caregivers but also as life partners. *Journal of Human Environmental Studies*, **15**, 31–34.

7）Wittmer, D. (Ed.) (2017). *The encyclopedia of infant and toddler activities for children birth to 3* (Revised ed.). Lewisville: Gryphon House.

8）川上清文（2014）．村井実の“よさ理論”　子育て研究，**4**, 3–7.

9）川上清文（2015）．丹羽淑子のダウン症児研究　子育て研究，**5**, 3–6.

10）川上清文（2016）．ルイスの自己発達理論　子育て研究，**6**, 3–8.

第1章

1）松沢哲郎（1995）．チンパンジーはちんぱんじん　岩波書店

2）松沢哲郎（2000）．心の進化　松沢哲郎・長谷川寿一（編）心の進化――人間性の起源を求めて（pp. 11–20）　岩波書店

3）ラトガーズ大学は，江戸時代（1866年）に禁を犯して渡米した横井左平太と横井大平が学び，その後も日本からの留学生が学んだニュージャージー州の大学です．ラトガーズ大学の近くに，留学したものの志半ばで亡くなった人々のお墓があり，私も何度か墓参しました．横井左平太たちの物語やお墓については，村井実の著書（村井実（1984）．もうひとつの教育――世界にさぐる旅　小学館）に詳しい記述があります．

4）http://rwjms.rutgers.edu/pedatrics/iscd

5）Lewis, M., & Brooks, J. (1975). Infants' social perception: A constructivist view. In L. B. Cohen, & P. Salapatek (Eds.), *Infant perception: From sensation to cognition* (Vol. 2) (pp. 101–148). N.Y.: Academic Press.

6) Lewis, M., & Rosenblum, L. A. (Eds.) (1974). *The effect of the infant on its caregiver*. N.Y.: John Wiley & Sons.

7) 岡本夏木 (1977). ピアジェの知能の発生的段階説　村井潤一 (編) 発達の理論——発達と教育・その基本問題を考える (pp.65–116)　ミネルヴァ書房

8) Kawakami, K. (1978). A longitudinal study of the socialization process in early infancy. 慶應義塾大学大学院社会学研究科紀要, **18**, 39–45. (http://koara.lib.keio.ac.jp/xoonips/modules/xoonips/detail.php?koara_id=AN0006957X-00000018-0039)

9) Lewis, M., Ramsay, D. S., & Kawakami, K. (1993). Differences between Japanese infants and Caucasian American infants in behavioral and cortisol response to inoculation. *Child Development*, **64**, 1722–1731.

10) 川上清文・高井－川上清子 (2003). 乳児のストレス緩和仮説——オリジナリティのある研究をめざして　川島書店

11) Lewis, M., Takai-Kawakami, K., Kawakami, K., & Sullivan, M. (2010). Cultural differences in emotional responses to success and failure. *International Journal of Behavioral Development*, **34**, 53–61.

12) グレイ, J.　辻平治郎 (訳) (2014). 意識——難問ににじり寄る　北大路書房 p. 263. (Gray, J. (2004). *Consciousness: Creeping up on the hard problem*. Oxford: Oxford University Press.)

13) Lewis, M., & Brooks-Gunn, J. (1979). *Social cognition and the acquisition of self*. N.Y.: Plenum.

14) 下條信輔 (1988). まなざしの誕生——赤ちゃん学革命　新曜社, など.

15) 川上清文 (1989). 乳児期の対人関係——その縦断的研究と社会的ネットワーク理論　川島書店

16) 川上清文 (1990). 対人関係　川上清文・内藤俊史・藤谷智子　図説乳幼児発達心理学 (pp. 37–49)　同文書院

ルイスの社会的ネットワーク理論は, 魅力的だと思います. ただそれを支えるデータは不足しているのではないでしょうか. 私はのべ2年間彼の研究所に滞在しましたが, 研究所での研究会・会合などで一度も〝社会的ネットワーク〟という用語を聞きませんでした. キーワードではないということでしょう.

17) Lewis, M. (1997). *Altering fate*. N.Y.: The Guilford Press.

18) Rochat, P. (2001). *The infant's world*. Cambridge: Harvard University Press.

19) Kawakami, K. (2005). The two-month & the nine-month revolution vs. the scallop hypothesis in infant development. *Research and clinical center for child development, Annual Report*, **27**, 37–42.

20) 鑪幹八郎 (1977). 精神分析と発達心理学　村井潤一 (編)　発達の理論——発達と教育・その基本問題を考える (pp.147–213)　ミネルヴァ書房

21) 小此木啓吾 (1973). フロイト——その自我の軌跡　日本放送出版協会

22) Gallup, G. G. (1970). Chimpanzees: Self-recognition. *Science*, **167**, 86–87.

23）川上清文（2016）．ルイスの自己発達理論　子育て研究，**6**, 3-8.

24）森口佑介（2014）．おさなごころを科学する　新曜社

25）Rochat, P. (Ed.) (1995). *The self in infancy: Theory and research.* Amsterdam: Elsevier.

26）Lewis, M. (1995). Aspects of self: From systems to ideas. In P. Rochat (Ed.), *The self in infancy: Theory and research* (pp. 95-115). Amsterdam: Elsevier.

27）Melzoff, A. N., & Moore, M. K. (1977). Imitation of facial and manual gestures by human neonates. *Science*, **198**, 75-78.

28）Nadel, J., & Butterworth, J. (Eds.) (1999). *Imitation in infancy.* Cambridge: Cambridge University Press.

29）Oostenbroek, J., Suddendorf, T., Nielsen, M., Redshaw, J., Kennedy-Costantini, S., Davis, J., Clark, S., & Slaughter, V. (2016). Comprehensive longitudinal study challenges the existence of neonatal imitation in humans. *Current Biology*, **26**, 1334-1338.

30）川上清文・高井清子・川上文人（2012）．ヒトはなぜほほえむのか――進化と発達にさぐる微笑の起源　新曜社

31）Plotnik, J. M., de Waal, F. B., & Reiss, D. (2006). Self-recognition in an Asian elephant. *PNAS*, **103**, 17053-17057.

32）村山司（2012）．イルカの認知科学――異種間コミュニケーションへの挑戦　東京大学出版会

33）ドゥ・ヴァール，F.　松沢哲郎（監訳）（2017）．動物の賢さがわかるほど人間は賢いのか　紀伊國屋書店（de Waal, F. (2016). *Are we smart enough to know how smart animals are?*）

34）Lewis, M. (2008). The emergence of human emotions./Self-conscious emotions: Embarrassment, pride, shame, and guilt. In M. Lewis, J. M. Haviland-Jones, & L. F. Barrett (Eds.), *Handbook of emotions* (The 3rd ed.) (pp. 304-319/pp. 742-756). N.Y.: The Guilford Press.

35）遠藤利彦（2013）．「情の理」論――情動の合理性をめぐる心理学的研究　東京大学出版会

36）Lewis, M. (2014). *The rise of consciousness and the development of emotional life.* N.Y.: The Guilford Press.

37）Nakayama, H. (2010). Development of infant crying behavior: A longitudinal case study. *Infant Behavior & Development*, **33**, 463-471.

38）Nakayama, H. (2016). Young adults' responses to infant crying: Is it possible that certain crying sounds made by infants cause possible feelings rather than strong feelings of aversion? *Journal of Human Environmental Studies*, **14**, 127-136.

39）ドゥ・ヴァール，F.　柴田裕之（訳）（2010）．共感の時代へ――動物行動学が教えてくれること　紀伊國屋書店（de Waal, F. (2009). *The age of empathy: Nature's lessons for kinder society.*）

40）プロヴァイン，R. R.　赤松眞紀（訳）（2013）．あくびはどうして伝染するのか――人間のおかしな行動を科学する　青土社（Provine, R. R. (2012). *Curious behavior: Yawning, laughing, hiccupping, and beyond.* Cambridge, MA: Belknap Press.）
41）Premack, D., & Woodruff, G. (1978). Does the chimpanzee have a theory of mind? *Behavioral and Brain Sciences,* **1**, 515-526.
42）子安増生（2000）．心の理論――心を読む心の科学　岩波書店

第2章

1）小野里美帆（2013）．ダウン症児者の発達支援　日本発達心理学会（編）　発達心理学事典（pp. 342-343）　丸善出版
2）Emde, R. N. (Ed.) (1983). *Réne A. Spitz: Dialogues from infancy.* N.Y.: International University Press.
3）丹羽淑子（1993）．母と乳幼児のダイアローグ――ルネ・スピッツと乳幼児心理臨床の展開　山王出版
4）丹羽淑子（1974）．R. A. スピッツ　古賀行義（編）現代心理学の群像――人とその業績（pp.248-269：pp.261-265 は岡田洋子執筆）　協同出版社
5）Harlow, H. F. (1958). The nature of love. *American Psychologist,* **13**, 673-685.
6）ハーロウ，H. F. 浜田寿美男（訳）（1978）．愛のなりたち　ミネルヴァ書房（Harlow, H. F. (1971). *Learning to love.* San Francisco: Albion Publishing Company.）
7）ブラム，D.　藤澤隆史・藤澤玲子（訳）（2014）．愛を科学で測った男――異端の心理学者ハリー・ハーロウとサル実験の真実　白揚社（Blum, D. (2002). *Love at goon park: Harry Harlow and the science of affection.* Basic Books.）
8）ローレンツ，K. 谷口茂（訳）（1974）．鏡の背面（上）　思索社（Lorenz, K. *Die Rückseite des Spiegels.* München: Piper, R.）
9）丹羽の長男，敏之さんは，ユニセフ事務局次長として世界中の子どもたちのために仕事をされました．また，敏之さんの娘さん（Erika Y. Niwa）は，アメリカの発達心理学会の若手研究者として活躍しています．Erika さんの研究上のミドルネームは Yoshiko で，これは祖母の名前を使っているわけです．丹羽の探究心は日本に止まらず，今，世界に広がっています．
10）木田盈四郎（1982）．先天異常の医学――遺伝病・胎児異常の理解のために　中央公論社
11）丹羽淑子（編著）（1985）．ダウン症児の家庭教育　学苑社
12）丹羽淑子（2004）．あなたたちは「希望」である――ダウン症と生きる　人間と歴史社
13）エンゼル保育園（2005）．みんなおなじいのちの仲間――エンゼル保育園・障害児保育の視点　エンゼル保育園（私家版）

14）丹羽淑子・池田由紀江・橋本泰子・矢花芙美子・山本庸子・岡崎裕子（1980）．ダウン症児の早期発達診断と早期教育プログラムのための基礎的研究　安田生命社会事業団年報，**16**, 101-114.
15）古賀行義（編著）（1967）．MCC ベビーテスト　同文書院
16）川上清文（2015）．丹羽淑子のダウン症児研究　子育て研究，**5**, 3-6.
17）丹羽淑子・矢花芙美子・橋本泰子（1985）．ダウン症乳幼児の超早期教育的介入の効果——教育的介入の方法と精神発達の縦断的・事例的研究　小児の精神と神経，**25**, 233-241.
18）繁多進（2007）．アタッチメントと行動発達　南徹弘（編）　発達心理学（pp. 95-112）　朝倉書店
19）数井みゆき・遠藤利彦（編）（2005）．アタッチメント——生涯にわたる絆　ミネルヴァ書房
20）数井みゆき・遠藤利彦（編）（2007）．アタッチメントと臨床領域　ミネルヴァ書房

第 3 章

1）村井実（1978）．「善さ」の構造　講談社
2）村井実（1969）．現代日本の教育　日本放送出版協会
3）村井実（1967）．教育とは何か　海後宗臣ほか（編）教育学全集 1　教育学の理論（pp.1-41）　小学館

この本で私は，フランシス・ベーコンの〝潜在的プロセス〟という考えを知りました．ベーコンは，科学には帰納法の厳密な適用が必要であり，そのためには日常的な経験的事例の背後にある，隠れた潜在的プロセスをとらえなくてはならない，と主張したのです．私が実験していた閾下知覚を考える上で，理解しないといけないと思ったわけです．閾下知覚とは，本来は知覚されえない刺激閾以下の刺激（小さすぎる音など）が呈示された時に，知覚されることです（苧阪直行（2013）．無意識　藤永保（監修）最新心理学事典（p. 707）　平凡社）．閾下広告（サブリミナル効果）の話などは聞いたことがあるかもしれません．閾下広告については，鈴木光太郎の著書（鈴木光太郎（2008）．オオカミ少女はいなかった——心理学の神話をめぐる冒険　新曜社）に興味深い記述があります．教育学概論の授業の後，私は村井にベーコンについて質問しました．会話の最後に「君は何者かね？」と言われたことが印象的でした．

4）青木康容（1993）．ソローキン　森岡清美・塩原勉・本間康平（編）新社会学辞典（pp. 929-930）　有斐閣
5）村井実（1978）．新・教育学のすすめ　小学館
6）学会でスイスに行った時にジュネーブにあるルソーの生家を訪ねました．街中のにぎやかな場所でした．その時，京都大学の松沢哲郎さんのご紹介で，ジュネーブ大学のピアジェ記念館にも行きました．ピアジェが実験に使った道具や愛用したパ

イプやステッキなども展示されていました.
帰路，チューリッヒでは子どもたちの教育に全身全霊を傾けたヨハン・ハインリヒ・ペスタロッチーのお墓にも行きました.
またチューリッヒに住んでいる卒業生が，スピッツのお墓を見つけたというので，驚きました．丹羽の著書（丹羽淑子（1993）．母と乳幼児のダイアローグ――ルネ・スピッツと乳幼児心理臨床の展開　山王出版）に出てくるお墓だったのです.
スイスは小さな国ですが，こうしてみると高度な文化が生まれているのですね.
7）村井実（1982）．子どもの再発見――続／新・教育学のすすめ　小学館
8）佐伯胖（1975）．「学び」の構造　東洋館出版社
9）村井実（1975）．教育の再興　講談社
10）村井実（1984）．もうひとつの教育――世界にさぐる旅　小学館
11）村井実（1982）．教育する学校　玉川大学出版部
12）松丸修三（2016）．宮城まり子「子どもはみんな天才」「いのちとひきかえにできますか」ファス（編）世界子ども学大事典（pp.1348-1349）　原書房（Fass, P.（Ed.）（2004）. *Encyclopedia of children and childhood in history and society*. Gale, Cengage Learning.）
13）松丸修三（2018）．「助力」としての教育――福沢諭吉の教育思想，村井実の教育理論，宮城まり子の教育実践　川島書店
14）村井実（1969）．現代日本の教育　日本放送出版協会

第4章

1）Kawakami, K.（2014）. The early sociability of toddlers: The origins of teaching. *Infant Behavior & Development*, **37**, 174-177.
2）丹羽淑子（1974）．不安の個体発生的研究――乳児の人みしり Stranger Anxiety を中心として　東洋英和短大・研究紀要，**13**, 3-29.
3）Lewis, M., & Brooks, J.（1975）. Infants' social perception: A constructivist view. In L. B. Cohen & P. Salapatek（Eds.）, *Infant perception: From sensation to cognition*（Vol. 2）（pp. 101-148）. N.Y.: Academic Press.
4）川上清文・高井清子・川上文人（2012）．ヒトはなぜほほえむのか――進化と発達にさぐる微笑の起源　新曜社
5）信頼性については，偶然の一致も考慮したカッパ係数を算出することがあります．ただその意味について議論がいろいろあります（Bakeman, R., & Gottman, J. M.（1986）. *Observing interaction: An introduction to sequential analysis*. Cambridge: Cambridge University Press.）．Bakeman は計算プログラムを開発しています.
6）Eibl-Eibesfeldt, I.（1975）. *Ethology: The biology of behavior*（2nd ed.）. N.Y.: Holt, Rinehart, and Winston.
7）松沢哲郎（2017）．心の進化をさぐる――はじめての霊長類学：こころをよむ　NHK 出版

8) Caro, T. M., & Hauser, M. D. (1992). Is there teaching in nonhuman animals? *The Quarterly Review of Biology*, **67**, 151-174.

9) Thornton, A., & McAuliffe, K. (2006). Teaching in wild meerkats? *Science*, **313**, 227-229.

10) Thornton, A., & Raihani, N. J. (2008). The evolution of teaching. *Animal Behavior*, **75**, 1823-1836.

11) r=.405, p=120.

12) 1期と2期の順位相関係数は.702 (p<.01), 2期と3期では.613 (p<.05) でした.

13) Tomasello, M., Carpenter, M., & Liszkowski, U. (2007). A new look at infant pointing. *Child Development*, **78**, 705-722.

14) Kawakami, K., & Takai-Kawakami, K. (2015). Teaching, caring, and altruistic behaviors in toddlers. *Infant Behavior & Development*, **41**, 108-112.

15) 平均14.99分 (標準偏差2.28).

16) Côté, S. M., Vaillancourt, T., LeBlanc, J. C., Nagin, D. S., & Tremblay, R. E. (2006). The development of physical aggression from toddlerhood to pre-adolescence: A nation wide longitudinal study of Canadian children. *Journal of Abnormal Psychology*, **34**, 71-85.

17) Lewis, M., & Rosenblum, L. A. (Eds.) (1974). *The effect of the infant on its caregiver*. N.Y.: John Wiley & Sons.

18) 例えば, 以下のような研究があります.

Brownell, C., & Carriger, M. S. (1990). Changes in cooperation and self-other differentiation during the second year. *Child Development*, **61**, 1164-1174.

Brownell, C., Ramani, G. B., & Zerwas, S. (2006). Becoming a social partner with peers: Cooperation and social-understanding in one- and two-year-olds. *Child Development*, **77**, 803-821.

Brownell, C., Svetlova, M., & Nichols, S. (2009). To share or not to share: When do toddlers respond to another needs? *Infancy*, **14**, 117-130.

Dunfield, K., Kuhlmeier, V. A., O'Connell, L., & Kelly, E. (2011). Examining the diversity of prosocial behavior: Helping, sharing, and comforting in infancy. *Infancy*, **16**, 227-247.

Spinrad, T. L., & Stifter, C. A. (2006). Toddlers' empathy-related responding to distress: Predictions from negative emotionality and maternal behavior in infancy. *Infancy*, **10**, 97-121.

Svetlova, M., Nichols, S. R., & Brownell, C. A. (2010). Toddlers' prosocial behavior: From instrumental to empathic to altruistic helping. *Child Development*, **81**, 1814-1827.

Warneken, F., & Tomasello, M. (2007). Helping and cooperation at 14 months of age. *Infancy*, **11**, 271-294.

19）Warneken, F., & Tomasello, M.（2006）. Altruistic helping in human infants and young chimpanzees. *Science*, **311**, 1301-1303.
20）山本真也（2011）．利他・協力のメカニズムと社会の進化　霊長類研究，**27**, 95-109.
21）菊池章夫（1995）．向社会的行動　岡本夏木・清水御代明・村井潤一（監修）発達心理学辞典（p.199）ミネルヴァ書房
22）Lewis, M., Young, G., Brooks, J., & Michalson, L.（1975）. The beginning of friendship. In M. Lewis & L. A. Rosenblum（Eds.）*Friendship and peer relations*（pp. 27-66）. N.Y.: John Wiley.
23）Kawakami, K., & Takai-Kawakami, K.（2017）. Toddlers perceive preschool teachers not only as caregivers but also as life partners. *Journal of Human Environmental Studies*, **15**, 31-34.
24）平均 14.4 分（標準偏差 2.21）.
25）Phillips, W., Gómez, J. C., Baron-Cohen, S., Laá, V., & Rivière, A.（1995）. Treating people as objects, agents, subjects: How young children with and without autism make requests. *Journal of Child Psychology and Psychiatry*, **36**, 1383-1389.
26）Kawakami, K., Kawakami, F., Tomonaga, M., Kishimoto, T., Minami, T., & Takai-Kawakami, K.（2011）. Origins of a theory of mind. *Infant Behavior & Development*, **34**, 264-269.
27）Inoff, G., & Halverson, C. F. Jr.（1997）. Behavioral disposition of child and caretaker-child interaction. *Developmental Psychology*, **13**, 274-281.
28）Birch, S. H., & Ladd, G. W.（1998）. Children's interpersonal behaviors and the teacher-child relationships. *Developmental Psychology*, **34**, 934-946.
29）Doumen, S., Koomen, H. M. Y., Buyse, E., Wouters, S., & Verschueren, K.（2012）. Teacher and observer views on student-teacher relationships: Convergence across kindergarten and relations with student engagement. *Journal of School Psychology*, **50**, 61-76.
30）Hamre, B. K., & Pianta, R. C.（2001）. Early teacher-child relationships and trajectory of children's school outcomes through eighth grade. *Child Development*, **72**, 625-638.
31）Li, Y., Liu, L., Lv, Y., Xu, L., Wang, Y., & Huntsinger, C. S.（2015）. Mother-child and teacher-child relationships and their influences on Chinese only and non-only children's early social behaviors: The moderator role of urban-rural status. *Children and Youth Services Review*, **51**, 108-116.
32）Zang, X.（2011）. Parent-child and teacher-child relationships in Chinese preschools: The moderating role of preschool experiences and the mediating role of social competence. *Early Childhood Research Quarterly*, **26**, 192-204.
33）Zang, X., & Nurmi, J.（2012）. Teacher-child relationships and social competence:

A two year longitudinal study of Chinese preschool. *Journal of Applied Developmental Psycholoy*, **33**, 125-135.
34) Baron-Cohen, S. (2000). Autism: Deficits in folk psychology exist alongside superiority in folk physics. In S. Baron-Cohen, H., Tager-Flusberg, & D. J. Cohen (Eds.), *Understanding other minds: Perspectives from developmental cognitive neuroscience* (pp. 73-82). Oxford: Oxford University Press.
35) 子安増生 (2000). 心の理論――心を読む心の科学　岩波書店
36) Baron-Cohen, S., Lutchmaya, S., & Knickmeyer, R. (2004). *Prenatal testosterone in mind: Amniotic fluid studies.* Cambridge: The MIT Press.
37) Ahnert, L., Pinquart, M., & Lamb, M. (2006). Security of children's relationships with nonparental care providers: A meta-analysis. *Child Development*, **74**, 664-679.

第5章

1) 太田裕彦 (1999). モーガン　中島義明ほか (編) 心理学辞典 (p. 838)　有斐閣
2) 福崎淳子 (2006). 園生活における幼児の「みてて」発話　相川書房
3) 岡本夏木 (1965). 言語機能の成立過程 (そのⅡ) ――会話的行動の成立　京都学芸大学紀要, **27**, 73-80.
4) モース, M.　森山工 (訳) (2014). 贈与論　他二篇　岩波書店 (Mauss, M. (1921). *Une forme ancienne de contrat chez les traces.*)
5) 内田樹 (2014). 街場のマンガ論　小学館
6) 渡辺茂男 (2016). 心に緑の種をまく　岩波書店
7) 渡辺茂男　大友康夫 (絵) (1984). じどうしゃ　じどうしゃ　じどうじゃ　あかね書房
8) 遠藤利彦 (1990). 移行対象の発生因的解明――移行対象と母性的関わり　発達心理学研究, **1**, 59-69.
9) 森口佑介 (2014). おさなごころを科学する　新曜社
10) ダイヤモンド, J. 秋山勝 (訳) (2017). 若い読者のための第三のチンパンジー――人間という動物の進化と未来　草思社 (Diamond, J. (2014). *The third chimpanzee for young people: On the evolution and future of the human animal.* N.Y.: Seven Stories Press.)
11) 村井実 (1982). 子どもの再発見――続／新・教育学のすすめ　小学館
12) 岡本夏木 (1977). ピアジェの知能の発生的段階説　村井潤一 (編) 発達の理論――発達と教育・その基本問題を考える (pp.65-116)　ミネルヴァ書房
13) ピアジェ, J. 谷村覚・浜田寿美男 (訳) (1978). 知能の誕生　ミネルヴァ書房 (Piaget, J. (1948). *La naissance de l'intelligence chez l'enfant.* Paris: Delachaux et Niestlé.)
14) Friedrich, O. (1983). What do babies know? *Time*, August **15**, 16-43.
15) 岸本健 (2010). 日常場面で観察された1歳齢幼児の身振りと不在事象への指さ

しに関する事例研究　子育て研究，**1**, 19-29.
16）Liszkowski, U., Schäfer, M., Carpenter, M., & Tomasello, M. (2009). Prelinguistic infants, but not chimpanzees, communicate about absent entities. *Psychological Science*, **20**, 654-660.
17）松沢哲郎・上野有理・松野響・林美里（2010）．「まね」と「ふり」　松沢哲郎（編）人間とは何か――チンパンジー研究から見えてきたこと（pp. 46-47）岩波書店
18）松沢哲郎（2017）．心の進化をさぐる――はじめての霊長類学：こころをよむ　NHK出版
19）Batson, C. D., Dyck, J. L., Brandt, J. R., Batson, J. G., Powell, A. L., McMaster, M. R., & Griffitt, C. (1988). Five studies testing two new egoistic alternatives to the empathy-altruism hypothesis. *Journal of Personality and Social Psychology*, **55**, 52-77.
20）Lewis, M., & Rosenblum, L. A. (Eds.) (1974). *The effect of the infant on its caregiver*. N.Y.: John Wiley & Sons.
21）Kagan, J. (2013). *The human spark*. N.Y.: Basic Books.
22）山本真也（2011）．利他・協力のメカニズムと社会の進化　霊長類研究，**27**, 95-109.
23）ドゥ・ヴァール，F.　松沢哲郎（監訳）（2017）．動物の賢さがわかるほど人間は賢いのか　紀伊國屋書店（de Waal, F. (2016). *Are we smart enough to know how smart animals are?*）
24）松沢哲郎（2000）．心の進化　松沢哲郎・長谷川寿一（編）心の進化――人間性の起源を求めて（pp. 11-20）岩波書店
25）赤木和重（2004）．1歳児は教えることができるか――他者の問題解決困難場面における積極的教示行為の生起　発達心理学研究，**15**, 366-375.
26）川上清文・高井清子（1995）．子どもの虚偽行動　児童青年精神医学とその近接領域，**36**, 223-231.
27）松井智子（2013）．子どものうそ，大人の皮肉――ことばのオモテとウラがわかるには　岩波書店
28）大久保愛（1977）．幼児のことばとおとな　三省堂
29）Field, T. (1995). Infant massage therapy. In Field, T. (Ed.), *Touch in early development* (pp. 105-114). Mahwah: LEA.
30）Anderson, G. C. (1995). Touch and the kangaroo care. In T. Field (Ed.), *Touch in early development* (pp. 35-51). Mahwah: LEA.
31）小林洋美・橋彌和秀（2005）．コミュニケーション装置としての目　遠藤利彦（編）読む目　読まれる目（pp.69-91）東京大学出版会
32）川上清文・高井清子・川上文人（2012）．ヒトはなぜほほえむのか――進化と発達にさぐる微笑の起源　新曜社

33）中道正之（2017）．サルの子育て　ヒトの子育て　角川書店
34）川上文人・林美里・友永雅己（2015）．チンパンジーに学ぶヒトの笑顔の意味　科学，**85(6)**，606-607.
35）Kawakami, F.（2016）. The evolution and development of smiles: A comparison between humans and chimpanzees. Paper presented at The 31st International Congress of Psychology.
36）Bard, K. A.（2005）. Emotions in chimpanzee infants: The value of comparative developmental approach to understand the evolutionary bases of emotion. In J. Nadel & D. Muir（Eds.）, *Emotional development*（pp. 31-60）. Oxford: Oxford University Press.
37）山極寿一（2016）．こころの起源　河合俊雄・中沢新一・広井良典・下條信輔・山極寿一〈こころ〉はどこから来て，どこへ行くのか（pp.155-200）岩波書店
38）Phillips, W., Gómez, J. C., Baron-Cohen, S., Laá, V., & Rivière, A.（1995）. Treating people as objects, agents, subjects: How young children with and without autism make requests. *Journal of Child Psychology and Psychiatry*, **36**, 1383-1389.
39）大浦康介（2016）．対面的――〈見つめ合い〉の人間学　筑摩書房
40）川上文人（2014）．笑顔の進化と発達　徃住彰文（監修）量から質に迫る（pp. 177-199）新曜社
41）Kawakami, K., Kawakami, F., Tomonaga, M., Kishimoto, T., Minami, T., & Takai-Kawakami, K.（2011）. Origins of a theory of mind. *Infant Behavior & Development*, **34**, 264-269.

終　章

1）丹羽淑子（1974）．R. A. スピッツ　古賀行義（編）現代心理学の群像――人とその業績（pp. 248-269：pp. 261-265 は岡田洋子執筆）協同出版社
2）川上清文（1989）．乳児期の対人関係――その縦断的研究と社会的ネットワーク理論　川島書店
3）佐藤方哉（1971）．スキナーの理論　依田新・本明寛（監修）現代心理学のエッセンス（pp.168-197）ぺりかん社
4）スレイター，L.　岩坂彰（訳）（2005）．心は実験できるか――20 世紀心理学実験物語　紀伊國屋書店（Slater, L.（2004）. *Opening Skinner box: Great psychological experiments of the twentieth century*. New York: W. W. Norton & Company.）
5）トレヴァーセン，C.，エイケン，K.，パプーディ，D.，ロバーツ，J.　中野茂・伊藤良子・近藤清美（監訳）（2005）．自閉症の子どもたち――間主観性の発達心理学からのアプローチ　ミネルヴァ書房（Trevarthen, C., Aitken, K., Papoudi, D., & Robarts, J.（1998）. *Children with autism: Diagnosis and interventions to meet their needs*（2nd ed.）. Pennsylvania: Jessica Kingsley Publishers. ）

著者略歴

川上清文（かわかみ・きよぶみ）

1979 年　慶應義塾大学大学院社会学研究科博士課程修了

1987 年　教育学博士

現　在　聖心女子大学文学部教授

主　著　『ヒトはなぜほほえむのか』（共著，2012 年，新曜社），『心のかたちの探究』（共編，2011 年，東京大学出版会），『乳児のストレス緩和仮説』（共著，2003 年，川島書店），『乳児期の対人関係』（1989 年，川島書店）ほか．

子どもたちは人が好き
——幼児期の対人行動

2018 年 9 月 25 日　初　版

［検印廃止］

著　者　川上清文

発行所　一般財団法人　東京大学出版会

代表者　吉見俊哉

153-0041 東京都目黒区駒場 4-5-29
http://www.utp.or.jp/
電話 03-6407-1069　Fax 03-6407-1991
振替 00160-6-59964

組　版　有限会社プログレス
印刷所　株式会社ヒライ
製本所　牧製本印刷株式会社

ISBN 978-4-13-013312-8　Printed in Japan